毕业设计指导与作品解析

丁 铮 主编

中国林业出版社

图书在版编目(CIP)数据

毕业设计指导与作品解析/丁铮主编．北京：中国林业出版社，2019.10（2024.8重印）
ISBN 978-7-5219-0342-3

Ⅰ.①毕…　Ⅱ.①丁…　Ⅲ.①艺术－设计－毕业实践－高等学校－教学参考资料　Ⅳ.①J06

中国版本图书馆CIP数据核字(2019)第248280号

中国林业出版社·教育分社

责任编辑：肖基浒

| 电 | 话 | (010)83143555　　传　真：(010)83143516 |

出版发行	中国林业出版社(100009　北京市西城区德内大街刘海胡同7号)
	E-mail:jiaocaipublic@163.com　电话:(010)83143500
	https://www.cfph.net
经　　销	新华书店
印　　刷	北京中科印刷有限公司
版　　次	2019年10月第1版
印　　次	2024年 8 月第2次印刷
开　　本	889mm×1194mm　1/16
印　　张	18
字　　数	290千字
定　　价	88.00元

未经许可，不得以任何方式复制或抄袭本书之部分或全部内容。

版权所有　　侵权必究

《毕业设计指导与作品解析》编委会

主　　编　丁　铮

副 主 编　张继晓　范训瑞

编写人员　（按姓氏笔画排序）

　　　　　　丁　铮　朱依蕊　刘建文　李夏颖

　　　　　　李唯唯　杨利田　张继晓　范训瑞

　　　　　　卓　婧　赵筠风　郭芳婷

支持单位

　　　　　　北京林业大学

　　　　　　福建农林大学

　　　　　　南京林业大学

　　　　　　西北农林科技大学

　　　　　　华南农业大学

　　　　　　中南林业科技大学

　　　　　　四川农业大学

　　　　　　仲恺农业工程学院

前 言
Foreword

  毕业设计作为设计专业本科教育中的重要环节，是体现学生专业能力的重要教学过程。毕业设计以培养学生的独立创新研究和开发创意设计能力为目的，在巩固大学系统知识的基础上，通过毕业设计的训练，培养学生综合运用学科的基本理论、专业知识和基础技能的能力，提高学生分析与解决实际问题的逻辑思维和探索科学研究的基本能力。

  毕业设计内容丰富而又细致入微，从构思到完成是一个复杂并持久的系统过程。毕业设计要求新颖的选题、明确的主题、正确的目的、合理的方法、严密的结构体系、可实施性的图纸以及严谨的逻辑分析。这样，才可能展现出一份完整的优秀毕业设计成果。

  编写本书之前，编者做了一系列的调查发现：毕业设计相关的指导教材和参考书较少，学生常常在开始毕业设计时方法目的不明晰，不知道如何操作，所能参考到的毕业设计作品大多数是出自本校。毕业设计需要查阅借鉴大量优秀作品，才能打开思路，创作更好的作品。基于这样的背景，本书收集了农林高校各类设计专业的部分代表性毕业设计作品，提供给设计艺术本科专业的学生参考，期望对于设计专业学生的毕业设计能够提供系统的指导作用。

  我们在编写过程中得到了国内相关院校的教授、专家、学者的大力支持，在此表示衷心的感谢！由于该教材内容涉及面广，编者能力有限，不足之处，敬请谅解指正。

编　者
2018.10

目 录
Contents

前　言

上篇　毕业设计创作思路

第一章　毕业设计的任务要求及组织（3）

第一节　毕业设计的任务要求（3）

第二节　毕业设计组织的具体步骤（4）

第三节　毕业设计规范（8）

第四节　毕业设计的成绩评定（8）

第二章　毕业设计的选题（10）

第一节　选题的作用（10）

第二节　选题思路（11）

第三节　毕业设计的选题原则（12）

第四节　选题的思维模式（12）

第五节　毕业设计题目的文法结构（14）

第六节　毕业设计说明书写作要求（16）

第三章　毕业设计调研方法（19）

第一节　毕业设计调研（19）

第二节　调研考察的主要方法（21）

第三节　调研考察的记录方式（22）

第四节　资料查阅方式（24）

第四章　毕业设计的设计过程（25）

第一节　设计过程的准备（25）
第二节　设计过程（27）

第五章　毕业设计的成果表达（29）

第一节　成果表达（29）
第二节　版式设计艺术（30）
第三节　毕业设计工作检查（31）

第六章　毕业设计的作品展示及竞赛参与（33）

第一节　竞赛的重要性（33）
第二节　竞赛主题的理解与把握（34）
第三节　竞赛创作概念的确立（35）
第四节　竞赛作品的表现方法（36）
第五节　参与竞赛的注意事项（37）

第七章　优秀毕业设计的评价及名家解析（39）

第一节　毕业设计的评价指标（39）
第二节　毕业设计提交材料（41）

下篇　毕业设计作品解析

第一部　工业设计篇（44）
第二部　产品设计篇（84）
第三部　服装设计篇（103）
第四部　风景园林设计篇（122）
第五部　环境设计篇（150）
第六部　视觉传达篇（208）
第七部　动画设计篇（258）
第八部　数字艺术篇（268）

上 篇　毕业设计整体方案

第一章 毕业设计的任务要求及组织

第一节 毕业设计的任务要求

1. 目的

（1）培养学生严肃认真的科学态度和求真务实的工作作风，掌握科学的研究方法。

（2）引导学生综合运用所学的基础理论、专业知识和基本技能，去发现、分析和解决与本专业相关的实际问题，培养学生从事科学研究工作或担负专业技术工作的初步能力。

（3）对学生的知识面、掌握知识的深度进行考察；对学生运用所学基本理论、基本知识和基本技能，结合实际分析和处理问题的能力（分析问题水平、软件运用水平、专业知识表达能力等方面）进行考核。

（4）训练与提高学生查阅文献资料，运用各种工具搜集、整理、分析材料的能力；提升学生阅读、翻译本专业外文资料和根据研究课题进行设计的能力。

（5）培养学生良好的协作精神，提高学生积极探索的创新能力。

2. 要求

（1）进行综合运用所学知识去解决实际问题的训练，使学生处理项目的实践技能水平、独立工作能力有所提高。

（2）一定要有结合实际的某项具体项目的设计或对某具体课题进行有独立见解的论证，并要求技术含量较高。

（3）有针对性地强化学生多学科理论知识和综合技能的实践锻炼，具有一定创新意识和创造性思维能力。

（4）书面材料框架及字数应符合规定。

（5）严禁抄袭他人的毕业设计，严禁抄袭已有的设计报告之类的文件（如抄袭，一经查出，按作弊处理）；毕业设计应该在教学计划所规定的时限内完成。

总之，通过毕业设计达到以下三个方面的作用：

- 总结：对学生在学期间所学知识的检验与总结。
- 培养：培养和提高学生独立分析问题和解决问题的能力，并使所学的知识进一步深化、综合和扩展。
- 训练：使学生受到分析项目问题、解决项目问题和撰写技术报告等方面的基本训练。

第二节 毕业设计组织的具体步骤

1. 毕业设计组织

系（教研室）组织并公布毕业论文和毕业设计题目供学生选择（拟订题目要做到大小适中，难易适度；每位学生只需选择毕业论文或毕业设计题目中的一种作为工作内容，不需要同时做毕业论文和毕业设计）。

2. 选择指导教师

选择本专业的教师，或者在这方面有专业见解的老师、教授、专家等（选取的老师最好是以自己要做毕业设计方向相关方面的专家最适宜）。

3. 毕业设计选题

学生在主要课程考试合格后就应开始进行选题的准备，因为选题需要一定时间，有大量联系工作要做，并进行分析比较和选择。

4. 任务书填写与审批

毕业设计任务书由指导教师会同学生一起填写。如果任务书合格，即可继续完成毕业设计；不合格，应按照任务书审批要求进行修改，再不通过，则失去本期毕业设计申请资格，只能随下期重新办理申请手续。

5. 调查研究、收集资料

这是做好毕业设计不可缺少的重要环节。只有在调查研究、收集资料的基础上，进行分析、加工，正确引用，才能为毕业设计的完成打下良好基础。

6. 毕业设计的中期检查

中期检查是毕业设计的一个要点，我们在做毕业的同时，一般对于中期检查有严格的要求，中期检查关系到整个毕业设计的进展，毕业设计的进度需要毕业生统筹规划安排，以便于按时完成毕业设计。当然，学生主动联系老师，是做好毕业设计的前提要求。

学生在做毕业设计中期汇报的同时，需要认真地填写好本科毕业设计中期检查表（表1-1），并完成老师布置的相应任务与要求。

本科毕业论文工作进程安排详见表3所列并参考。

表 1-1 ××××××本科毕业设计中期检查表

填表时间： 年 月 日

课题名称					
学生姓名		专业		学号	
中期检查记录	（内容包括：工作的进度、工作量与完成质量、学生的工作态度等） （仿宋，字号：小四号，行间距1.25）				
有否更换题目，若有请确认更换的理由	（仿宋，字号：小四号，行间距1.25）				
存在的问题、建议或处理意见	仿宋，字号：小四号，行间距1.25）				
中期检查结论：□合格 □不合格			检查组组长 （签名）		

要求　标题字体：仿宋，字号：三号，单倍行距并居中；表格内须填写的字体为仿宋，字号小四号。

表2 ××××××学院毕业设计指导过程记录表

学生姓名：　　　　　专业：　　　　　学号：

论文题目	（仿宋，字号：小四号，行间距1.25）	指导老师	
指导选题记录	（仿宋，字号：小四号，行间距1.25） 　　　　　　　　　　　　　　　年　　　月		
指导开题记录	（仿宋，字号：小四号，行间距1.25） 　　　　　　　　　　　　　　　年　　　月		
审阅初稿记录	（仿宋，字号：小四号，行间距1.25） 　　　　　　　　　　　　　　　年　　　月		
审阅定稿记录	 　　　　　　　　　　　　　　　年　　　月		

说明：此记录表由学生记录

要求标题字体：仿宋字号：三号，单倍行距；表格内填入字体：仿宋，字号：小四

表3 ××××××（设计）本科毕业论文工作进程表

序号	事项	内容	时间要求	负责人
1	成立毕业论文（设计）工作领导小组	成立系论文（设计）工作领导小组，系主任任组长，全面负责毕业论文（设计）工作	第7学期第3周前	系主任
2	拟订毕业论文（设计）初步安排计划	对毕业论文进行审题、落实指导教师、填写课题安排表	第7学期第4~7周	系，教研室
3	毕业论文（设计）动员	组织教师、学生认真学习相关工作规定，宣传其重要性，并提出要求	第7学期第7周	系，教研室
4	下达毕业论文（设计）任务书	指导教师根据课题及任务书要求填写毕业论文（设计）任务书，并下达给学生	第7学期第8周	指导教师
5	开题	学生应在指导教师指导下，相继完成研究综述和开题报告	第7学期第8周	学生
6	中期检查	指导教师认真检查毕业论文（设计）进展情况，填写《××××××学院本科毕业论文（设计）中期检查表》	第8学期开学第3周	指导教师
7	撰写毕业论文（设计）	学生按要求认真撰写毕业论文（设计）及其他附件，装订后交指导老师批阅	答辩前两周交给指导教师	学生、指导老师
8	答辩准备工作	答辩前完成毕业论文（设计）评阅工作	答辩前一周完成	系答辩委员会及答辩小组
9	毕业论文（设计）答辩	各答辩小组按工作规定组织学生答辩	离校前两周	院（系）答辩委员会及答辩小组
10	毕业论文（设计）工作小结	对本届学生毕业论文（设计）工作的准备、组织情况；课题类别同专业教学的结合情况；对学生的综合分析和解决问题能力等的评价；论文（设计）考核与成绩评定情况；存在的问题及今后改进意见等	学期结束前	系教研室

第三节　毕业设计规范

1. 毕业设计格式规范

①封面；②目录；③内容提要和英文摘要（150~300字）；④关键词（中英文3~8个）；⑤引言；⑥正文；⑦注释；⑧参考文献；⑨必要附件（设计图册）；⑩致谢。

毕业设计用A4纸打印，并提供文档格式电子文档及文档内的高清晰图片资料夹。

2. 毕业设计的撰写规范

（1）毕业论文要求观点正确、论证充分、资料翔实，理论分析与计算正确，实验数据准确可靠，对研究的问题有独到见解或较深刻分析，结构严谨，逻辑性强，论述层次清晰。

（2）毕业设计应完成设计任务书所有项目，要求设计合理，分析严密，计算准确，图纸完备、整洁、正确，设计说明书条理要清楚，分析能力要强。

（3）毕业论文或毕业设计说明书要求：行文表述规范准确，文字通顺流畅，打印或书写工整；标点、符号、计量单位正确；图表、曲线等符合国家标准和工程要求；文科专业毕业论文字数一般在8000字左右，理工科专业字数一般在5000字左右。

第四节　毕业设计的成绩评定

1. 成绩评定

毕业设计成绩包含毕业设计评阅成绩和答辩成绩，其中设计评阅成绩由导师评阅成绩和一个设计评审人评阅成绩组成。评阅成绩依据包括开题报告的情况、学生的业务水平、毕业设计的总体质量、整个毕业设计环节过程中的工作态度等。评阅成绩和答辩成绩在总评成绩中所占分值比例由各系根据专业特点确定。

毕业设计的成绩按百分制记分，其中优秀比例控制在20%左右，优秀的毕业论文或毕业设计必须参加学院的大组答辩。各专业学生毕业设计成绩总体应呈正态分布。

2. 答辩

毕业设计必须进行答辩。各系（教研室）成立由3~5人组成的毕业设计工作领导小组，负责各专业毕业设计答辩工作。各专业相应成立若干个由3~5人组成的毕业设计答辩小组，每个答辩小组配秘书1名，具体组织本专业毕业设计的答辩工作。指导教师可以参加毕业设计答辩小组。各系应在答辩前1周向学生公布答辩小组教师名单和学生参加答辩的日程安排及地点。每位参加毕业设计答辩学生，应向答辩小组汇报毕业设计情况，回答答辩小组成员的提问。答辩小组可从以下几个方面综合考核学生的成绩：①开题报告的情况；②学生的业务水平；③毕业设计的总体质量；④整个毕业设计环节过程中的工作态度；⑤答辩中自述和回答问题的情况等。

附：毕业设计成绩评定标准

毕业设计总评成绩满分是100分，其中毕业设计成绩50分、毕业答辩成绩50分（个人讲述10分、回答问题40分）。总评成绩按优秀、良好、及格和不及格四级评定。59分以下为不及格；60～69分为及格；70～89分为良好；90分以上为优。取得学位的要求标准是：良好成绩以上。

评分标准：

1. 优秀

按期圆满完成任务书规定的项目；能熟练地综合运用所学理论和专业知识；立论正确，计算、分析、实验正确和严谨，结论合理；独立工作能力较强，科学作风好；毕业设计有一些独到之处，水平较高。

毕业设计条理清楚，论述充分，文字通顺，书写工整，图纸完备、整洁、正确。

答辩时，思路清晰，论点正确，回答问题有理论根据，基本概念清楚，对主要问题回答深入、正确。

2. 良好

按期完成任务书中规定的项目；能较好地运用所学理论和专业知识；立论正确，计算、分析、实验正确和严密，结论合理；有一定的独立工作能力和科学作风；毕业设计有一定的水平。

毕业设计条理清楚、论述正确，文字通顺，书写工整，图纸完备、整洁、正确。

答辩时，思路清晰，论点基本正确，能较好地回答主要问题。

3. 及格

按期完成任务书中规定的项目；运用所学理论和专业知识基本正确，没有大的原则性错误，只在非主要内容上有欠缺和不足；立论正确，计算、分析、实验基本正确；有独立工作能力，科学作风一般；毕业设计达到了基本要求。

毕业设计条理基本通顺，论述有个别错误（或表达不清楚），书写不够工整，图纸完备、基本正确；但质量一般，或有小的缺陷。

答辩时，主要问题能答出，或经启发后能答出，论点基本正确；但分析、认识不够深入。

4. 不及格

未按期完成任务书中规定的项目；基本概念和基本技能未掌握，在运用理论和专业知识中出现不应有的原则错误；在整个方案理论分析、实验工作中独立工作能力差；毕业设计未达到最低要求。

毕业设计文理不通，书写潦草，质量很差，图纸不全或有原则性错误。答辩时，阐述不清设计的主要内容，基本概念糊涂，对主要问题回答有错误，或回答不出。

第二章　毕业设计的选题

毕业设计是本科生完成四年教学计划最后采用的一种总结性的实践教学环节，是针对学生在大学阶段训练思维能力、提高设计素养的必要方式。在做毕业设计中，学生需要集中精力，归纳、分析出所做的相关毕业设计的问题，在相应的时间内，组织安排各项内容，提出自己的观点，完成图纸。毕业设计是实现培养目标和检验教学质量的关键环节。其质量的高低反应了学生学习水平的高低及整个学校教学水平的高低。根据毕业设计的要求，首先要确立题目，选题就是关键。题目如何选择才能更好地结合自己的专业及所学的知识，这些都是需要认真考虑的。

第一节　选题的作用

1. 选题的现实意义

毕业设计的题材十分广泛，可以来源于社会生活、工程或生产实践、教师科研等各个方面，在毕业设计选题时，首先应当把课题、论题、题目三个概念搞清楚。这三者同属于某一学科中的学术问题，但又有所区别。首先，论题不同于课题。课题通常是指某一学科重大的科研项目，它的研究范围比论题大得多。其次，论题又不同于题目。题目是指毕业设计的标题，它的研究范围一般比论题要小。我们要结合自己专业学习的特点，运用所学知识，选择一个正确而又合适的题目来做毕业设计。通过选题，可以大致了解学生学习水平和研究问题的方向。提出问题是解决问题的第一步，选准了论题，就等于完成毕业设计一半。题目选得好，可以起到事半功倍的作用，做起后面的文章也就得心应手。

2. 选题的价值分析

毕业设计的成果与价值，最终当然要由最后完成和客观条件来评定，但选题对其有重要的作用。选题不仅仅是给文章定个题目和简单地规定个范围，选择毕业设计题目的过程，就是初步进行科学研究的过程。选择一个好的题目，需要经过作者多方思索、互相比较、反复推敲、精心策划等一番努力。题目一经选定，也就表明作者头脑里已经大致形成了毕业设计的轮廓，已经有了毕业设计的雏形。所以，在确定毕业设计题目的同时就已经基本确定了毕业设计的主体结构，做到心中有数。毕业设计的题目要尽可能地反映自己的优势，展示自己学习效果，最终体现毕业设计的价值。我们强调毕业设计选题的实用价值，并不等于急功近利的实用主义，也绝非提倡选题必须有直接的效益作用。因此，选择现实性较强的题目，还要考虑其有无理论和认识上的价值，即有无普遍性的意义，能否进行理论的分析和综合，从个别上升到一般，从具体上升为抽象。有些题目也并不一定直接与现实挂钩或有直接的实际用途，但从发展的眼光看，这些题材能够表示某种趋势，或对现实有借鉴的作用，因而也就具有理论价值，这样的题目当然是较好的。对于设计类选题，更多的需要作者把握全局，对每个环节都要设想到，在实际的设计过程中不断实践、改进，达到最佳效果。理论与实际相结合，调研可行性方案，保证设计的顺利进行。

第二节　选题思路

除了要考虑有无社会价值（围绕现实经济生活中的重点、难点和热点来做选题）、自身的知识结构、专业特点、资料来源的难易程度、时间上的保证等因素外，一个毕业设计选题的确定有它的思路：

1. 热门与冷门的选择

热门选题的好处：一是资料容易搜集；二是现实经济生活中，对于这类问题，你有切身的感受；三是一旦你写得好就有机会被有关报纸、期刊采纳。其缺点是，一个选题有许多学生选，大家收集资料的来源差不多，写出来的文章七拼八凑，从内容到结构都差不多，难出新意。指导老师看到这类文章自然不可能给出好成绩。

冷门选题也是相对而言的，对学生来说，也就是选得少或不选、资料收集较难的选题。但也必须具有学术价值和实际应用价值，而不是指脱离经济生活。冷门选题要收集资料的困难太多了，似无资料可收集，只能从边缘学科中加以参考和借鉴。因此，选择这一类"冷门"的选题更容易获得毕业设计上的成功。

是选"热门"选题，还是选"冷门"选题，要根据你自身的情况来定。"冷门"选题收集资料难，你还付出比别人多的劳动，但往往会有好的收获，即毕业设计成绩高于别的同学。

2. 大题与小题的选择

大题涉及面广，但不容易写深，四面出击，面面俱到，毕业设计中只能是泛泛而谈，也容易出现漏洞。小题虽然可集中精力，但也不能太小，没有足够的拓展空间，又可能达不到毕业设计的要求，从而把自己限制得太死，收集起来的资料也没办法安排到毕业设计中去。

3. 选题与实践的结合

选题无非有两种情况：一是确定选题后收集资料，有局限性（一般学校都这样要求）；二是围绕某一方面，在占有资料基础上或有关实践经验基础上确定小的选题（这种较科学和合理）。如果你遵循正确的选题思路，确定好选题以后，开始收集资料，撰写提纲，按要求写出毕业设计固然最好。但也存在一些特殊的情况：毕业设计实际上是在学生下个学期参与实习或实践，或就业一段时间后再完成，毕业前夕再交回学校。这样就可能出现以下的情况：一是有些学生受到实际工作的启示，或受实习环境的影响，觉得原来在学校的选题太大，难于写好，不如换一个小一点的题目，比较容易把握。这就结合实际工作对选题做了变动，更具现实意义。这时，学生应该主动与指导老师取得联系，指导老师同意后再做变动。

当然，学生一旦确定选题后，没有特殊理由，一般不主张随意变动，因为选题变动太频繁，学校不好管理，指导老师也没办法把握，而学生自己最终可能把握不好，失去做好毕业设计的机会，即三心二意，时间浪费了，到最后一团糟。笔者主张在大选题上再选小选题。所以，学生在做选题时应选大一点的选题，待某一方面收集好资料后，再做小选题，这样不容易把自己限定太死。

第三节　毕业设计的选题原则

（1）毕业设计选题要符合专业培养目标，体现专业培养方向，与经济建设、社会发展和科技进步的实际相结合，并有一定的研究价值和现实意义，有一定的开拓性和创新性。

（2）对设计类毕业设计的选题，结合科学研究、工程实际的题目或结合教师科研项目的题目应占全部题目总数的80%以上。

（3）选题时一般为一人一题，确需由多名学生共同完成的，每个学生应有独立内容；同一专业每学年的毕业设计题目更新率应大于80%，选题广度和工作量要符合综合训练的要求。选题确定后不得随意更改，每个专业的选题更改率应掌握在10%以内。

（4）学生应在教师指导下，一般在系公布的范围内选题；学生根据自己的兴趣与特长自拟题目的，应经指导教师认可，并经系领导批准。

（5）选题应在学生毕业设计工作开始前1～2个月内确定；因受生产季节等因素影响，选题时间可不受限制。

（6）选题工作必须经过系公布毕业设计题目、学生选择、系协调平衡、系确定毕业设计题目四个阶段。

第四节　选题的思维模式

毕业设计选题要充分考虑自己的研究基础、研究能力和研究兴趣。所选的研究课题一般应具有如下特点：一是具有重要性。学位毕业设计选题要有理论意义和现实意义，一定要是尚未解决或尚未完全解决而又必须解决的问题，即能解决理论问题以推动学科发展，能解决实际问题产生多种效益，这样的问题当然就有理论意义和现实意义。二是具有创新性。学位毕业设计课题应是社会经济发展和环境变化产生的新问题，以及前人没有解决的疑难问题，可以推动理论创新、方法创新和应用创新。因此，毕业设计选题可以是完善或创新理论与方法，也可以是拓展现有理论的应用研究领域。三是具有可行性。毕业设计选题要求在科学上成立并可以探究，符合发展趋势，并有一定宽度，可分解，能循序渐进，可以深入研究。

1. 选题的内容与提纲

第一，与专业相关。这是毕业设计选题和写作的基本要求，也是通过毕业答辩的基本前提。

第二，与兴趣相关。毕业设计选题既要与兴趣相关，也要与自己未来的发展相关。"题对一生荣"。如果今后从事学术研究，就要选定较为长远的研究领域，深入持久地做下去，持之以恒，逐步培养自己对研究问题的兴趣。

第三，适当跨学科研究。运用其他相关学科的理论或方法来研究本学科专业的问题，常常能产生新的研究思路和研究结论，不仅体现了创新，而且会开辟一个新的研究领域。因此，在学习期间要注重学术交流，请教不同专业的同行，善于从多角度来思考所研究的问题。

2. 选题的思路与方法

在开题报告与毕业设计前，要在充分查阅和研究国内外相关的权威文献资料的基础上，针对研究对象，尽可能提出新的研究思路和研究方法。事实上，任何理论的创新归根结底都是方法的创新。因此，在研究选题确定后，就要努力去构建一个创新的研究思路，设计一个创新的技术路线，在研究方法上进行一些改进或借用，就有可能有新的发现，从而找到课题的创新点。

3. 选题的理念拓展

对于毕业设计的选题中，我们在保证自己的专业知识和理论范围中，可以从多面去考察探究选题的要求，把握住选题的人性化设计。人性化设计是以人为轴心展开设计思考，注意提升人的价值；人性化设计是从人的心理来研究人和物的关系，进而造物；人性化设计侧重协调人和社会的关系。

（1）人性化设计。人性化设计不是由一场设计运动或一个设计团体提出的，它是人类在改造世界过程中一直追求的目标。人性化设计是一种动态设计哲学，它没有确切的开始，更不会有终结。在考虑设计问题时，人性化设计以人为轴心展开设计思考，注意提升人的价值，尊重人的自然需要和社会需要。在以人为中心的问题上，人性化的考虑也是有层次的，既要考虑作为社会的人，也要考虑作为群体的人，还要考虑作为个体的人。抽象和具体、整体和局部相结合，社会效益与经济效益、现实利益与长远利益相结合。人性化设计应是建立在理性的功能和结构之上，从根本上说，人性化设计应该是功能主义的，而不是艳丽的色彩、夸张的造型。

人性化设计应是"为人而设计"的真实体现，人性化设计要符合人性的需要。人不仅仅是一种物质存在，也是精神主体。人的需要不仅仅是物质需要，更重要的是精神需要。而设计的出发点和归宿，是以促进人的全面发展为导向，不断满足人们日益增长的物质需要和精神需要，高层次的满足能产生丰富多彩、和谐愉快的精神需要。这种需要是动态发展的，是随着人类文化发展逐渐形成的，它反映了人的本性，反映了人与社会的和谐与多样性的要求。一个好的设计就是把人的价值放在设计首位，符合人的心理需求。设计应是以满足人的需要、爱好和兴趣为目的的，人类是社会的主体，适合每个不同时期不同的社会人的设计是设计师的首要任务，如果设计不合乎当时人的需求的设计，就必然违背人性，加大人与自然、社会的隔阂与矛盾，进而影响人的基本生存和发展。

（2）人性化设计的要求。人性化设计应该在人与技术之间找到一个平衡点，在这个时代，高科技产品的不断涌现，无疑把人置于了一个永无止境的技术空间，无助与无奈、恐慌与空虚无疑是这个时代的人永远抹不去的阴影。只要科技在发展，高科技产品就会不断地涌现，人们的恐"高"症就会越来越加剧，这时，人性化的设计易于打动人心，可缓解人们的恐慌情绪，使人们更加亲近科技，从而得到情感的慰藉。

（3）情感化设计。作为人性化设计的一个方面，情感化设计与人性化设计一样，致力于设计对人本身的关爱和呵护，在产品设计中全面关注以人为本的设计精神，提高产品的亲和力。情感化设计更注重人们情感上的需求，为人们带来更多的欢乐，为人们提供幽默新奇的心理感受和情感体验。设计师要研究受众获取产品信息时或者使用产品的情感。在产品设计中，情感交流是通过"设计师—产品—大众"的过程来表现的一种高层次信息交流过程。消费者在购买产品时，是由于产品对他有一种强烈来自产品本身的情感诱惑。一方面，设计师通过自身的理解、经验把情感征兆通过产品表现出来；另一方面，受众群体在面对和使用产品时会对其属性产生直接的反应。

（4）多方式表达情感。通过设计形式的与众不同来激发人们的心理感受。如青蛙公司的设计严谨简练带有后现代主义的新奇、怪诞、艳丽甚至是嬉戏般的特色，在设计界是独树一帜的，它在很大程度上改变着20世纪的设计潮流。青蛙的设计哲学是"设计追随激情"，因此，许多青蛙的设计都有一些欢快、幽默的情调，令人忍俊不禁。它在给一家公司设计儿童用的鼠标时，采用了老鼠造型，看上去就像一只真的老鼠诙谐有趣，惹人喜爱，让小孩有一种亲切感。通过材料的巧妙运用来达到设计的情感化。材料在设计的过程中若运用恰当会给人一种温馨的感觉。20世纪80年代为发育迟缓的儿童设计的儿童学步车，曾获国际工业设计大奖。该设计没有选用伤残人器械上常用的那种闪着寒光的铝合金，而是采用打磨柔滑的木材制作，再加上鲜亮的红漆，配一部玩具积木车，产品工艺虽简单，却受到国际工业设计界的好评。设计师只有用心去关注人，关注人性，才能以饱含人道主义的设计打动人。

4. 选题的概念分析

概念是定位的延续，也是另一种对定位合理性的另一种分析。同样，在提出一个主要概念时，延伸到灵感的来源与依据，也可以理解成概念的合理性分析。理念概念是触发你去做这件事的原因，这是一个高度的总结，需要庞大知识体系和感知能力，并且烂熟各种设计手法，甚至创造新的设计手法让他们服务于你的概念。

概念不是设计师想要设计成什么样，而是一个项目它应该是什么样。这个最终的呈现效果也许有千百种，并不是说只有一种是最好的，有可能这千百种概念都是从各个合理的角度推导出来的，那么它都是合理的，设计师思考的所谓概念就是努力地找到其中的一种然后展开，而不是脱离现实空想出来。它是一个基地的延展或者说是生长。得到一个概念需要从基地本身出发，了解它的历史文化环境，纵向（时间）地思考，横向（空间）地思考。通过将自己的想法大致画出来，倒是不需要追求细节，通常还是建议从整体的空间尺度和空间感出发进行表达。空间和什么会产生关系，在哪里有什么样的设计，哪里是主要的区域，画出来。我们通常会在脑海中有那么一个比较模糊的构想，在画出来同时，我们对它进行确认和明确化，画出来之后，我们挑优点、改缺点，逐步完善它。

第五节　毕业设计题目的文法结构

在选题方向确定后，拟定具体的题目就非常重要了。毕业设计题目是文章的题眼，可谓"千言万语第一句话"。拟定题目时要尽可能做到以下几点：

一是要体现专业性，符合本学科专业的学术要求和规范。

二是要有问题意识，有针对性，从题目表述就可以看出毕业设计研究的核心问题。

三是题目大小要适度，表述简洁、无歧义。一般采取中生表达，文题相对。字数一般在 25 个字左右，最好不要超过 30 个字。

标题是毕业设计的眉目。各类毕业设计的标题、样式繁多，但无论是何种形式，总要以全部或不同的侧面体现作者的设计意图、设计的主旨。毕业设计的标题一般分为直接主题式、主副标题式、概念式等几种类型。

1. 直接主题式

直接主题式是毕业设计总体内容的体现。常见的写法有：

（1）揭示毕业设计的实质。这种形式的标题，高度概括全文内容，往往就是毕业设计的中心。它具有高度的明确性，便于读者把握毕业设计内容的核心。诸如此类的标题很多，也很普遍，如环境艺术设计方向《乡村日月别墅区景观规划设计》等。

（2）交代内容范围。这种形式的标题，从其本身的角度看，看不出作者所指的观点，只是对文章内容的范围做出限定。拟定这种标题，一方面是文章的主要论点难以用一句简短的话加以归纳；另一方面，交代文章内容的范围，可引起同行读者的注意，以求引起共鸣。这种形式的标题也较普遍，如环境艺术设计方向《厦门鼓浪屿水生态园景观设计改造》等。

（3）用形象化的语句。如环境艺术设计方向《都市空间的转化——呼吸广场设计》等。

标题的样式还有多种，读者可以在实践中大胆创新。

2. 主副标题式

为了点明毕业设计的研究对象、研究内容、研究目的，对总标题加以补充、解说，有的毕业设计还可以加副标题。特别是一些商榷性的毕业设计，一般都有一个副标题，如在总标题下方，添上"以 ×× 为例"之类的副标题，如环境艺术设计方向《行走在城市的边缘——以泉州湾海丝湿地景观设计为例》等。

3. 概念式

在做毕业设计时，通常我们会遇到一些立意深远的论题，在对这些论题阐述的过程中，我们一般对设计作品采用的题目相对抽象、概念，以达到意味深长的效果，如视觉传达设计方向《竹香新语》等。

4. 总结

标题的要求有三点：一要明确。要能够揭示论题范围或论点，使人看了标题便知晓文章的大体轮廓、所论述的主要内容以及作者的设计意图，而不能似是而非，藏头露尾，与读者捉迷藏。二要简练。毕业设计的标题不宜过长，过长了容易使人产生烦琐和累赘的感觉，得不到鲜明的印象，从而影响对毕业设计的总体评价。标题也不能过于抽象、空洞，标题中不能采用非常用的或生造的词汇，以免使读者一见标题就如堕烟海，百思不得其解，待看完全文后才知标题的哗众取宠之意。三要新颖。标题和毕业设计的内容、形式一样，应有自己的独特之处。做到既不标新立异，又不落窠臼，使之引人入胜，赏心悦目，从而激起读者观看的兴趣。

第六节　毕业设计说明书写作要求

毕业设计说明书是学生在教师指导下，对所从事毕业设计工作和取得的设计结果的表述。毕业设计说明书的撰写应符合国家及有关行业（部门）制定的相关标准，符合汉语语言规范。为规范毕业设计教学管理，提高毕业设计说明书的质量，现对毕业设计说明书的写作要求作如下规定。

1. 毕业设计说明书基本要求

（1）文字要求。文字通顺，语言流畅，无错别字，不得请他人代写。

（2）图表要求。图表整洁美观，布局合理，按国家规定的绘图标准绘制。

（3）字数要求。园林、艺术设计、土木工程等以设计图纸为主要工作的专业，毕业设计说明书的字数不少于2000字。

（4）页面设置。A4打印纸（所附的较大的图纸、数据表格及计算机程序段清单等除外），页边距：左3cm（装订），上、下、右各2cm；页眉1.5cm，页脚：0.75cm。

（5）页眉格式。××××××学院本科毕业设计说明书（宋体，五号，居中）。

（6）页脚格式。正文必须从正面开始，并设置为第1页。页码在页末居中打印，其他要求同正文（如正文第5页格式为"–5–"）。

2. 毕业设计说明书文本结构规范

（1）论文封面

中文封面：统一格式。

（3）目录：（宋体，小二号，加粗，居中，段前、段后1行）

目录应独立成页，包括论文中全部章、节的标题和所在页码，摘要的页码用罗马数字编号。用点连接标题和页码。（目录当页不得有页码和页眉）

目录标题格式：（宋体，小二号，加粗，居中，段前、段后1行）

目录内容格式：（宋体，小四号，行距1.25倍）

例：

目　　录（艺术设计）

摘要 .... 页码
一、... 页码
　（一） .... 页码
　　　1. .... 页码
　　　（1） .... 页码
　……
　（二） .... 页码
　　　1. .... 页码
　……

二、	页码
（一）	页码
1.	页码
……	
参考文献	页码
致谢	页码
附录（设计图册）	

（3）毕业设计内容的中、英文摘要（同页）

中文摘要不少于100个汉字，并注有关键词3～5个。

格式：

中文摘要：（另起一页）

示例：

摘要

本设计说明书分析了家居旧物改造的意义和方法，并从自己的设计……（宋体，小四号，行距1.25）

关键词（宋体，小四号，字体加粗，居左）：改造；设计；（宋体，小四号）

英文摘要：与中文摘要内容相对应，放在同一页。

示例：

Abstract:

（Times New Roman字体，小二号，加粗，居中，段前、段后1行，行距1.25）

According to the background which they have come into being, this task analyzes the significance and method of old household articles and discusses…（Times New Roman字体，小四号，行距1.25）

Key words（小四号Times New Roman字体，加粗）**:** transformation; design;（小四号Times New Roman字体，除专有名词外小写）

（4）正文

正文格式要求：

一、（一级标题，章名：居中，宋体，加黑，小二号、段前、段后1行）

（一）（二级标题，节名：宋体，加黑，小三号、行距1.25、段前、段后0.5行）

1.（三级标题：宋体，加黑，小四号、行距1.25、段前、段后0.5行）

（1）（四级标题：宋体，加黑，小四号、行距1.25、段前、段后0.5行）

①（五级标题：宋体，加黑，小四号、行距1.25、段前、段后0.5行）

……

（正文内容：宋体，小四号，行距1.25）

正文内容中五级标题以下再分项，则用小写字母a、b、c。

各级标题不顶格。

正文中图（图1、图2）表4、表5应按顺序编号，并注明相应的名称。（五号宋体）

示例：

图1　名称　　　　　　　　　　　图2　名称

表4　名称

	带宽，mm	最大值，N
L型	12.7	76.5
	19.1	124.5

表5　名称

参数名称	取值
圆盘质量	27.5kg
轴刚度系数	300kN/m
偏心距	0.0002m
支承松动间隙	0.0005m

（5）参考文献（四号宋体、加粗，居中，段前、段后1行，）

参考文献不少于五篇，无需在正文中标注。格式按照《××××××学报（哲学社会科学版）》规定的格式。

参考文献内容按类别应注明的内容如下：（五号宋体，行距1.25）

期刊：［顺序号］著者.题名［J］.期刊名，出版年份，卷号（期号）：起迄页．

专著：［顺序号］著者.书名（版次）［M］.出版地：出版者，出版年份．

译著：［顺序号］著者.书名（版次）［M］.译者.出版地：出版者，出版年份．

报纸：［顺序号］作者.题名［N］.报纸名，出版日期（版次）．

论文集：［顺序号］著者.题名［A］.编著者.论文集名[C].出版地：出版者，出版年份：起迄页．

学位论文：［顺序号］著者.题名［D］.保存地：保存单位，年份．

电子文献：［顺序号］作者.网上题名［EB/OL］.网址，发表或更新日期（年月日）．

（6）致谢（宋体，小二号，加粗，居中，段前、段后1行）（另起一页）

对设计过程中给予指导和帮助的师生致谢。

致谢内容（宋体，小四号，行距1.25）。

（7）附录（宋体，四号，加粗，居左）

对不宜放在正文但对说明毕业设计的工作情况或设计结果有作用的材料（如毕业设计制作的实物图片、毕业设计的方案图纸等），可以编入毕业设计说明书的附录，附录可自编目录，或按附录一、附录二……的编目方式编入毕业设计说明书的总目录。若材料的篇幅较大或与毕业设计说明书同册装订有困难，亦可按A4幅面独立装订成附录册。附录字数不计入说明书应达到的文字数量。

第三章　毕业设计调研方法

第一节　毕业设计调研

毕业设计是教学计划在最后一个综合性实践教学环节，是学生在教师的指导下，独立从事艺术设计工作的初步尝试，其基本目的是培养学生综合运用所学的基础理论、专业知识、基本技能研究和处理问题的能力，是学生对所学知识和技能进行系统化、综合化运用、总结和深化的过程。通过考察、立题、收集素材、设计方案、工艺制作等过程，检查学生的思维能力、动手能力和掌握技艺的深度。

论文的选题是毕业论文写作过程中的一个重要环节，是对论文研究对象的设定和研究目标的拟定。论文选题的过程，也是发现问题的过程。学生通过选题，明确毕业论文主要研究的问题，按照自己的思维模式选择新的研究视角，重新界定并展开，把理论知识深入社会发展，对于社会中所存在的一些问题才能够从新的角度进行对策性研究。

1. 选题的步骤

毕业设计选题要在深入了解选题依据的基础上进行。可分三步：读题、解题、返题。所谓读题，是把握题目的精髓，以景观为例，选址要最能体现题目的特色，例如，国际风景园林师联盟（IFLA）的一次竞赛，主题为"逝"，消逝的景观，要充分体现"消逝"二字，可以理解为即将不存在的景观的保护。

所谓解题，是读完题目之后为主题立意寻找合适的镶嵌位，以平面设计为例，奔驰汽车品牌在每个节日都会做一个海报来宣传其产品，比如端午节的海报（图3、图4），将粽子、龙舟和奔驰汽车的标志很好地结合在一起，既能宣传端午这样的传统节日，也能起到营销的效果。

图3　粽子 Logo

图4　龙舟 Logo

所谓返题，是选好研究对象后再一次验证合理与否，即检验镶嵌是否成功。以产品设计为例，2012年全国大学生工业设计大赛一等奖《奶瓶设计》是针对婴儿而设计。方案在奶嘴下方的瓶身做改良，用柔软易弯的材质解决婴幼儿喝牛奶需要仰高头的困扰，也解决了家长的担忧。

图5　2012年全国大学生工业设计大赛一等奖《奶瓶设计》

2. 选题的方法

毕业设计选题主观上，要了解选题的角度，明确设计主题以及需要解决的问题，然后以此寻找合适的研究对象。方案解决的问题不必求全，抓住主要问题，以点带面。例如，滨水社区，这只是一个研究方向，需要确立副标题，副标题就是在该方向下的主题概念，再来考虑什么样的合适，否则难以入手。

毕业设计选题客观上还要研究相应的概念。例如，针对"老年人产品的无障碍设计"的研究课题，需要明确老年人的定义，又包含哪些分类，甚至还有哪些服务人群需要考虑，这些人群的特点是什么，有哪些需求和困难，相应的在将题甚至设计中有哪些要求，以及现在社会中的老年人活动场所情况，存在的问题，等等，都要先做一个比较深入的了解，为自己选题、设计做准备。

第二节　调研考察的主要方法

艺术设计中常用的调查方法包括五类：即观察类、实验类、捕捉意识类、访问类、资料调查类，具体如图6所示。以下介绍几种常用的调查方法。

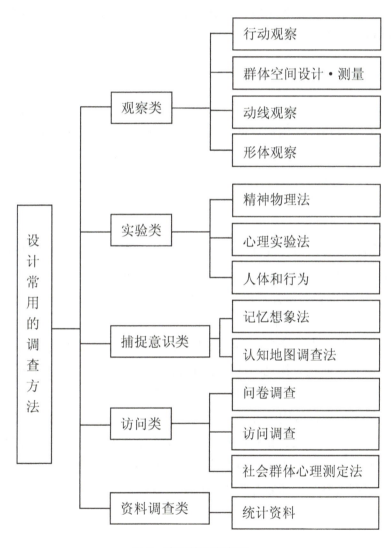

图6　常用的调查方法

1. 问卷调查法

问卷调查不仅是指问卷记录被调查者的回答，还包括针对个人提问所进行的多种方法。问卷调查适合于调查人们对空间利用的倾向性和态度，这是观察类的调查方法所无法替代的。近年来设计行业的重大项目中，尤其是环境艺术设计，问卷调查作为一种公众参与的手段，得到越来越广泛的采用。另一方面，问卷调查也因为受限于调查人员和被调查者等主观因素的影响，所以其数据的客观性不如观察类的调查方法。但由于时间、场所等因素的限制，难以直接通过观察捕捉人们在空间中的各种行为，问卷调查也成为必备的手段之一。

2. 访问调查法

访问调查法与问卷调查法一样，同属于访问类的方法。问卷调查按照预先设计好的问卷内容，逐个问题向被调查人员征询意见。而访问调查法的形式更为开放，往往就某一主题请被调查人员自由地发表意见，有时也用于研究者自己整理思路。访问调查法在操作中将各种意见、想法和经验，不加取舍与选择地统统收集起来，追踪它们之间的相互关系而予以归类整理。其过程与研究者在头脑中总结整理思绪的过程颇为相似，有利于激发人们的创造性思维，也有利于协调意见不同的人们，采取协同行动，求得问题的解决。

3. 查阅（搜索）法

查阅法是指对所要设计通过收集所需资料包括对往年毕业生所做过的类似案例进行研究，是毕业设计中常用的一种通过收集资料进行科学研究的方法。咨询是研究者与一个（或很多个）被调查者之间的一种有目的的谈话，由研究者通过询问的方式来引导被调查者回答，以此来了解被研究对象的各种有价值的资料。

4. 目标观察法

根据研究课题的需要，调查者有目的、有计划地运用自己的感觉器官或借助观察器材，对空间环境的使用者处于自然平和状态下的行为活动进行观测、记录并分析。以产品设计为例，其发展沿着两条主线：一方面针对研究对象同类评价，评价因素限于使用情况、使用感受、使用频率等；另一方面着重从人机关系角度去研究人与产品之间的关系。

观察方法大致可以分为直接观察和间接观察两大类。直接观察是指对正在发生的行为活动进行观察；间接观察是指通过对物化的现象进行有针对性的"过去行为活动"情况的观察。间接观察有多种手段，比如足迹观察、及时调查、访问调查等。

目标观察的结果记录，常用的方式有观察记录表、调查图示、拍照摄像等，这三种记录方式可以同时使用，发挥各自长处、相互检验。比如调查苹果专卖店的顾客行为活动特征，仅一名调查员每半小时观察记录一次，当苹果专卖店的顾客较多，移动速度较快时，则采用每半小时先用相机拍照，然后根据观察结果和参考照片信息填写观察记录表中。

第三节 调研考察的记录方式

对选题的分析一般通过两种方式来获得基本资料，即通过纸质记录和设备记录所调研得到的数据及答案。一般在拿到设计任务书之后，设计者就会通过联想，得到相关的信息和内容，但是这是完全不够的，因为一般来说我们能联想到的，其他的设计者也都能联想到，所以这时候就需要我们去调研，去寻找一些我们想要知道的问题答案和内容。我们调研的过程中，通过对调研的内容进行梳理，得到一些比较有用的信息，调研考察的记录方式如下：

1. 设备记录

调查者手持录音笔、手机等能记录下调研得到的有效信息，除了设备工作以外，还要负责保障工作，妥善安排此次调研的工作，在本次调研中，通过拍照，实地调查。

根据事先安排好所要调查的内容点，根据我们提出的问题，记录调查者所需要了解的问题，开始询问。询问之前需做好前期的准备工作，将所要询问的问题整理，归纳总结，以便询问时快速地对访谈者进行询问。

设备记录注意事项：

在使用设备记录的时候，我们首先要做到以下几个方面，以保证设备记录的有效性和完整性。一、使用的设备必须是完好的，我们经常说"磨刀不误砍柴工"，在使用设备记录之前必须做到设备的电量充足，机器的完好无缺等。二、选取的访谈者必须有充足的时间回答我们相关的问题。三、访谈的对象应该是和我们所要做的毕业设计相关方面的人，以确保得到的答案真实、可靠。四、在记录的场地中，必须保证环境的安静，确保得到的答案能够被清楚被记录下来。

2. 纸质记录

纸质记录是毕业设计的记录方式之一，是负责记录的人员当场把谈话所要了解的基本情况和谈话中的报告、讨论的问题等内容记录下来的书面材料。

（1）谈话记录应写明。包括①谈话的主题；②谈话的时间；③谈话的地点；④谈话者相关信息。

（2）谈话记录的写作要求。

①谈话记录要求准确、真实、清楚、完整。记录人员精神应当高度集中，严肃认真地记录发言人的原意，重要的内容或观点应记原话，不得任意取舍增删。谈话的主要情况、发言的主要内容和意见，必须记录完整，不要遗漏。记录字体力求清晰易认，不要过于潦草，不要使用自造的简称或文字。谈话记录的技巧一般说来有四条：一快、二要、三省、四代。一快，即书写运笔要快，记得快。字要写得小一些、轻一点，多写连笔字。二要，即择要而记。对谈话中一般我们所要的答案并不是完完全全从与谈话者所得来的，而是需要我们从谈话者所回答的内容中所截取并对内容斟酌，以得到我们所要的答案。三省，即在记录中正确使用省略法。对于访谈者，根据我们的问题和访谈者的答案，记录内容的重要字眼，省去一些不必要的文字。四代，即用较为简便的写法代替复杂的写法，或者可用外语符号代替某些词汇，等等。

②注意"去粗留精"，把握侧重点；注意"从实际出发"，把握基本点。谈话记录应该抓住中心议题，围绕谈话的中心议题"取精"。抓住了谈话要解决的主要问题，有时谈话的中心议题不十分明确，或一个谈话同时讨论多个议题，且难分主次。遇到这种情况，应把难分主次的几个问题视为一个中心议题中的几个子议题，放在基本同等的位置上，分题归纳整理。

第四节　资料查阅方式

资料是个小精灵，它无处不在。我们能通过很多方法来获得我们想要的资料。查阅资料，首先要从自己需要的着手，带着问题去查阅，这样才能做到有的放矢；其次要明白有哪些途径，采取哪种方式才能最快地收集到自己所需的资料。一般来讲，收集资料有以下三种方法：书刊查阅、上网查阅、咨询访问。

1. 书刊查阅

书籍，是不会说话的老师。到图书馆、购书中心等地方查阅书籍、报刊，会对你有着巨大的帮助。到了图书馆，首先要明白你要查的是哪方面的资料，是与设计有关，还是与植物有关？是与设计软件有关还是与设计规范有关？分清类别之后，就可以来到与之对应的图书专柜或向图书管理员咨询后进行查阅。如果当时在图书馆没有找到所需资料，还可以向图书管理人员提出，请他代为查阅。采用这种办法会提高查阅的效率。如果是学校内的图书馆，通常检索系统中会有中英文的数据库链接可以免费下载所需的相关论文或者期刊。

2. 网络查阅

网络的世界丰富多彩，上面的资料几乎应有尽有。我们可以在网络中查阅各种各样所需的资料。在网络上查询，首先得知道几个搜索网站，如 www.baidu.com、www.cnki.net 等。然后再输入你所要查阅的内容，最后选择自己需要的资料就行了。你也可以把资料保存在自己的计算机里打印出来。不仅如此，我们日常也应当积累些好的设计网站或者微信公众号，将其予以分类，以便在需要的时候提高查阅资料的效率。以下推荐一些优秀的设计网站（表6）。

表6　优秀设计网站举例

意向图类	方案类	素材类
Pinterest	谷德设计网	vossi 悟思网（字体）
图加加	zoscape	Cgtextures（材质）
景观前线	dusso（动漫设计网）	Pixabay（材质）
图格网	线计网	Tecturer（材质）
筑龙图酷	behance	skalgubbar（人物）
花瓣网	站酷	国家动漫公共素材网（动画）

3. 咨询访问

"三人行，必有我师"。同学、老师、父母、小伙伴都可以是你身边的"会呼吸的资料库"。每个人的兴趣爱好不同，所掌握的知识也不相同。你欠缺的也许正好是他人的特长，我们只要虚心多请教他人，就能从他人的身上汲取到更多的知识。

第四章　毕业设计的设计过程

针对设计类的毕业设计主要目标是培养学生综合运用所学理论基础、专业知识和技能分析问题并进而解决问题的能力，以及文献查阅与利用、工作规划、与人沟通、总结报告（论文撰写、答辩）能力，是对大学所学全部理论课程和实践教学总体效果的一次集中检验，也是大学生走向工作岗位，实现由学生向技术人员身份转变前的一次集中演练。在我们对设计过程的工作阶段中，把握设计的思路与方向是我们做好设计的关键阶段。

第一节　设计过程的准备

1. 手绘方面

（1）手绘的前期准备。由于手绘表现图是一门集绘画艺术与工程技术为一体的综合性课程，可以培养学生和设计师的创造性思维能力、审美能力、鉴赏能力，加强对空间的理性认识，除了作为交流手段外，还可以在设计中对方案的构思、分析、调整、深入等过程有极大的帮助。在作为学生学习期间以及毕业后的设计过程中，我们必须适应社会设计行业高速发展状态和模式，快速而高效的手绘表现是从设计构思草图到表现效果图，都应该力求使设计的概念及内容的表达清晰而明确。通过练习快速手绘，才能不断地发现很多新的概念和思考模式。这其实是手绘的真正意图，不是为了绘制而绘制，而是为了设计服务。如今，无论学生做课题还是设计师做项目，设计思维与手绘表现紧密配合。在设计概念的呈现、设计方案的表达乃至工作效率的提高中，手绘都起着重要的作用。这也成为设计行业中一种新的价值体现和时代标准。

手绘表现效果图，在设计类的专业几乎被计算机制图所代替，设计类专业的特殊性，特别是一些高端项目和成熟的甲方对手绘效果图的表现还是认可的，但绝非知识一种境竟画面，而需要展示丰富的设计空间内容，例如各属性形体的尺度、结构、空间组合。

往往在这方面的缺陷，使得大多数学生会被一些不是从事设计工作的绘画艺术工作者所感染和误导，只会努力地做画面效果，不注重实际设计中的手绘效果表现的实际目的；而且那些高超的艺术效果难度大，也使得一些学生苦苦纠结。不正确的认识最后可能导致花费大量的时间训练，却没有实际用途。因此，在做毕业设计之前，为抱有认真的态度，学好手绘，我们必须把握在平时的作业练习过程中，对于手绘有一个很好的认识，能够在我们做设计的时候给予灵感和思路，是我们做好毕业设计的一个重要过程。

（2）手绘的重要性。手绘对于一个优秀的设计师来说十分重要，它可以在短时间内将设计师的创意表达出来，一个好的设计师应该善于运用手绘来表达自己的设计理念。一个好的手绘表达是一个优秀设计的开始。当然不是说好的手绘图就是漂亮的手绘预想图，有时候手绘可能是简单笨拙的笔触，但也能将自己的设计理念表达得淋漓尽致。好的手绘是将设计师的创意想法很快表达出来的一种方式。

好的手绘可以完整地表达出设计师的理念,而不是简单的效果图。作为毕业生,学好手绘很关键,但更关键的是找到一种属于自己的表达方式。手绘不但可以帮助设计师快速地表达出自己的想法,而且可以通过线条的调整去快速把握设计的一个整体调性。设计的调性对一个优秀的设计很重要。手绘就能够通过简单的线条调整,达到快速有效地解决设计整体调性和比例线条的目的。

(3) 如何练好手绘。如何练好手绘可能是现在大学生们的一个很困惑的问题。其实方法也很简单:第一步,多去临摹一些优秀的设计草图。优秀的画家也都是从临摹这一步开始的,学生阶段临摹是一个能够快速提升手绘技法的好方法,从而在临摹中寻找属于自己的手绘表达方式。第二步,坚持每天练习,就是一个量的积累,有了量的积累才会有质的飞跃那天。可能每天只有十分钟的简单练习,只要坚持下来,一个月或者一年后,你会发现,你画草图的感觉会有很大程度的进步。第三步,通过大量的手绘练习,手绘会得到不断的提升,更重要的是需要你去体会你在手绘过程中的一种自信的感觉,好的手绘图能够通过一根线条看出设计师的自信程度。自信对一个设计师来说是十分重要的。

2. 软件方面

在做毕业设计过程的时候,经常会遇到软件与手绘的结合使用。软件在实际应用中促进了成果的开发和转化,是实现设计自动化的关键,是提高设计水平,缩短开发周期,提高效率的重要手段,是毕业生在大学阶段掌握专业知识的重要条件。相对于手绘,它们的优越性体现在其准确、快捷、方便、三维造型能力强大且便于存储。

(1) CAD 制图软件。CAD 是计算机辅助设计 (Computer Aided Design,CAD) 领域最流行的 CAD 软件包,此软件功能强大、使用方便、CAD 制图软件具有良好的用户界面,通过交互菜单或命令行方式便可以进行各种操作。它的多文档设计环境,让非计算机专业人员也能很快地学会使用。CAD 制图软件具有广泛的适应性,它可以在各种操作系统支持的微型计算机和工作站上运行,广泛应用于土木建筑、装饰装潢、城市规划、园林设计、电子电路、机械设计、服装鞋帽、航空航天、轻工化工等诸多领域。

(2) Photoshop。Photoshop 是 Adobe 公司旗下最为出名的图像处理软件之一。Photoshop 的应用领域很广泛,在图像、图形、文字、视频、出版等各方面都有涉及。Photoshop 界面图像合成则是将几幅图像通过图层操作、工具应用合成完整的、传达明确意义的图像。Photoshop 提供的绘图工具让外来图像与创意很好地融合,使图像的合成天衣无缝。校色调色是 Photoshop 中强大的功能之一,设计师在做设计的同时,可方便快捷地对图像的颜色进行明暗、色偏的调整和校正。Photoshop 是设计师常用的工具之一。

(3) SketchUp。SketchUp 是一套直接面向设计方案创作过程的设计工具,其创作过程不仅能够充分表达设计师的思想而且完全满足与客户即时交流的需要,它使设计师可以直接在计算机上进行十分直观的构思,是三维建筑设计方案创作的优秀工具。

SketchUp 是一个极受欢迎并且易于使用的 3D 设计软件,人人都可以快速上手。并且用户可以将使用 SketchUp 创建的 3D 模型直接输出至 Google Earth 里,非常实用。

3. 小结

进行毕业设计在实际使用或应用软件过程时要注意以下几点：第一，需要学生具备一定的软件知识；第二，需要辅导老师对学生进行必要的任务安排，让学生能够充分认识和理解过程内容，提高学生自身的主动性与积极性；第三，由于学生对软件过程的认识有限，因此要对学生进行定期的检查与指导，避免在使用软件的过程中出现错误。在毕业设计中使用软件主要是为了保证、提高学生毕业设计的水平和质量，使学生得到锻炼。但由于各个学校的情况不同，在实施软件过程时，不能千篇一律地采用同一种模式，应该把过程规范和学生个人的能力结合起来，实施符合各自特点的过程。不仅是环境艺术设计方向的毕业设计，还包括其他方向的毕业设计也是同样的道理，在对一个方向设计中把握好，就能得心应手地应对其他类别的毕业设计。

第二节　设计过程

设计过程包括：画图、文字编辑、排版等环节。

1. 画图

主要内容包括：对所做的选题方向进行分析，并具备以下基本画图技能。
①适当的手绘草图勾勒。
②深化草图。
③建模，导出效果图。
④进行方案立面图的解析。

2. 文字编辑

逻辑性强，条理清楚；语言通顺、简练，文字工整、清楚；立论正确，分析和实验严谨、准确，结论合理，有自己的独到见解。具体如下：
①毕业设计的主体部分有没有详细说明设计过程和设计思想，有没有按任务书的要求完成工作。如缺少需求分析或分析不明确（数据需求、功能需求、性能需求等）。
②毕业设计的目录是否与后面所编辑的章节对应，是否有顺序上的错误。
③毕业设计的主标题、副标题包括各个章节的小标题等有没有按照格式的要求进行分类、编辑。
④毕业设计的理论部分占篇幅过大，有的内容基本是从书中抄来的理论知识；个人工作量严重不足，理论水平和工作量均达不到毕业设计的要求。

3. 排版

装订时应按统一格式，用 A3 纸打印。封面、目录、正文、图纸及植物配置的顺序装订成册，并在规定的时间内交指导老师。上交后的毕业设计，不得再增删内容，不再退还。毕业设计合格方可参加答辩。

上交后的毕业设计未通过审批的不能参加答辩，只能在下学期重新提交任务书及毕业设计。未通过审核的毕业设计存在的主要共性问题是：

①毕业设计基本概念和基本技能未掌握，在运用理论和专业知识中出现不应有的原则性错误。例如，缺少前期分析或分析不明确；缺少设计的具体过程或设计不完整。

②毕业设计过于简单，缺乏说服力。在整个方案理论分析、实验工作中独立工作能力差。

③毕业设计未达到最低要求。毕业设计文理不通，文字编辑质量很差，图纸不全或有原则性错误。

4. 设计过程的注意事项

①设计不是孤立存在的，很多同学在学习过程中很容易只接触自己的学科，而忽视了对其他专业的学习，一个优秀的设计是很多学科的综合体。举例来说，一个工业设计师不仅仅只是看工业设计中的优秀案例，有时候也需要去借鉴最新的建筑流行趋势、平面色彩流行趋势、服装流行趋势来审视自己的设计作品，通过各个设计行业的流行趋势来把握和创造自己专业的流行趋势。好的设计师需要去借鉴已有的优秀设计，从而创造出更新的作品。

②把握最新的设计流行趋势，设计是为了不断改善人们需求的一种行业。随着经济的增长，人们对设计的需求日益增加。设计有它本身的趋势，简单地说，设计是为了消费人群而生的行业。在金融危机过后，很多国外的设计师已经发现今后几年最大的消费国很可能就是中国，所以相继出现了很多符合中国人口味的设计，如法拉利公司刚刚生产的限量版的陶瓷跑车。很多国家的设计公司已经把今后几年的设计方向定位在中国元素上，通过分析中国的古老文化来把握中国的设计趋势。所以，作为国内的设计师以及即将走上设计道路的学生们，在自己作品中继承和发扬中国的古老文化显得尤为重要，继承不是单纯的模仿，而是通过在继承前人文明的基础上创作出新的设计。

第五章 毕业设计的成果表达

第一节 成果表达

1. 展板式

文图混排是毕业设计展板中最常见的情况，图片与文字在传达版面信息上具有不同的特点，图片在视觉传达上可以辅助文字，并帮助理解，使版面的视觉效果更加丰富和真实。文字能具体而直接地解释版面中的信息，图片化的文字同样也具有很好的视觉表现力。图文结合可以创造出更加有力的诉求性画面，丰富的结合方法充满了创造性。所以说图片和文字之间具有不可分割的关系，掌握好图片与文字结合的方式对毕业设计是非常重要的。

2. 文本式

（1）文本的设计与呈现策略。文本是传递教学信息的主要方式，因而，毕业设计中的文本呈现是否规范、简洁、明了，在很大程度上决定了毕业设计的效果。毕业生在制作毕业设计文本时，可参考以下的文本设计与呈现策略。①文本的字体字号要符合要求，风格要与教学内容相吻合。②文字书写要规范，避免繁体字、错别字，对于冷僻字要事先注好拼音。③文字不宜过满。④每张只显示同一层次的内容，避免不同层次内容相互干扰。⑤同一版面，字形不宜超过三种，不然会影响学生的认知速度。⑥表格或清单内的文字字形、字号统一，以利于学生整体感受。⑦选择对比明显的背景和文字颜色，以加深文本在学生头脑中的印象。

（2）图像的选择与呈现策略。图像是帮助人们理解意义的视觉符号。以图像作为传达信息的手段，比文本直观，更容易达到沟通的效果。但是，许多人对图像存在着一些错误认识，一提及图像，人们就联想到艺术，甚至误以为图像只起到装饰、美化的作用。因而，在毕业设计中，出现了许多点缀式的图像。这样的图像往往因分散了学生的注意力而起到相反作用。如果在同一屏幕中同时出现一段文字及一幅图像，学生的注意力更容易停留在图像上。因此，毕业设计中图像的设计与呈现应讲究策略。毕业设计中，图像为什么要在这页呈现，在文稿中起什么作用，是否有助于大家理解毕业设计内容，是否符合学生的认知特征，是否足够清晰，是否与所表达的内容足够相关，是否包含了一些容易引起歧义的信息，等等。

具体而言，图像的选择与呈现有如下策略。①选用图像要有目的，或是传达一个概念，或是说明一个现象、步骤，即所选择的图像应与毕业设计内容密切相关，而不是一个可有可无的装饰品。②选用清晰的图像，去除不必要的干扰。③选用的图像要能正确地传达毕业设计内容，不会引起其他人误解。④选用的图像简单明了，以利于他人最快感知。⑤如果图像内含有说明性文字，应确保文字笔画清晰，易于辨别。⑥如果选用另外一个图像作为背景，应确保图像背景无干扰符号。⑦图像的位置应靠近文本的相关内容。

3. 模型式

（1）计算机模型。当平面图构思完成后，通常会导入电脑中通过 SketchUp 建模，从中观察设计过程遇到的问题，将平面构想变成立体化，具有直观性、立体性的特点。

（2）实体模型。计算机模型建成后，大体的效果已经出来了，此时可以根据 SketchUp 测量数据，然后根据数据来建成实体模型。实体模型比计算机模型更加直观，更加全面，而且尺度感和空间感更加强烈。因此，实体模型的制作对于毕业设计来说是非常重要的。

4. 样品式

毕业设计从方案构思到方案设计中反复修改，有时我们需要做个样品出来，一是便于观察模型的尺度感和空间感，二是便于对人展示设计构思。因此，对于一个优秀的毕业设计来说，样品模型也是不可或缺的一部分。

第二节　版式设计艺术

1. 简约式版式

简约本身就是一种文化理念，在简约的基础上赋予其文化内涵，亲情文化或者民族的、现代的文化元素，就会营造出高品位的设计效果。简约式通常是大面积的留白，突出设计或者设计效果图的重点，不仅如此，其色调通常以两种颜色为主，最多不超过三种颜色，给人一种大方、直白的感觉。

2. 逻辑式版式

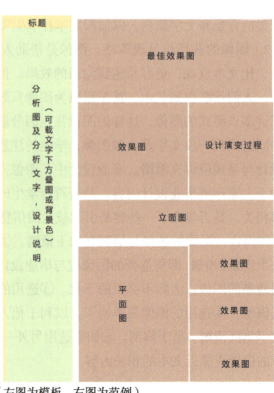

图7　逻辑式版式（左图为模板，右图为范例）

将图片和文字根据轴线的方向进行排列,随着轴线的位置变化,版式中空间大小的比例会随之变化,从而形成不同的视觉效果。根据轴线的不同,可以分为三种形式的轴线式设计:①垂直轴线式设计;②斜轴线式设计;③无规则轴线式设计。无规则形状的轴可能包括一个弯曲或多个弯曲的形状,从而造成不同画面效果的轴。如图7所示。

3. 活泼式版式

图8　活泼式版式(左图为模板,右图为范例)

活泼式从字面上理解就是不受任何限制的设计,它是通过版式编排中各种元素自由组合排列而形成的。它打破了原有版式设计思想所提倡的统一规整,是一种自由随意,但又具有其独特吸引力的版式设计手法。主要有以下几个特点:①版心无边界;②字图一体;③解构性——运用点、线、面等抽象元素去重组新型的版式结构形式;④局部的不可读——即不容读取的信息;⑤字体的多样性。如图8所示。

第三节　毕业设计工作检查

1. 毕业设计指导老师

为了能够高质量地完成毕业设计,毕业设计指导老师采用分派制,就是学校分配一名专业老师作为学生毕业设计的指导老师,负责毕业设计课题的选题、进度编排等,其主要职责是查进度、查质量,确保毕业设计按期按质完成;指导教师通过学识水平和实践经验作为指导,重点负责指导学生在毕业设计过程中遇到的技术问题。这样安排的好处是学生随时都可以与指导老师进行沟通和咨询，而且实习单位在工程技术方面很大程度上能帮助学生掌握相关方面的技能，更贴近生产实际，更有利于学生完成毕业设计。

2. 毕业设计的检查

毕业设计检查是毕业设计的一个重要环节，是确保学生按进度进行设计的重要手段。这个工作主要由学校的指导老师负责，每月要检查一次，同时结合检查对毕业设计进行指导，指出错误或不足，提出改进的方法和措施。这样做的好处是不会把问题留在最后，做到有问题及时解决。当然，由于毕业设计是在学校进行，这种检查需要应用现代化的网络手段来进行，学生可以通过 E-mail 或 QQ 或短信来寻求老师的指导，老师也可以 E-mail 或 QQ 来查看学生的设计内容。避免学生来回奔波和向实习单位请假而导致诸多麻烦和不便。

第六章 毕业设计的作品展示及竞赛参与

大学生学科竞赛是高校实践教学的一种形式，也是研究性教学理念的一种主要表现形式。学科竞赛隶属实践教学活动范畴，目的是为培养具有创新能力较强的综合型人才。通过体验毕业设计这一最后成果完成对大学生四年所学知识的检验，与所学专业贴近，具有较强的专业性特点，能让大学生综合运用所学的知识和技能解决具体问题，这就需要教师、学生在工作和学习中抽出更多的时间，通过一些比较贴近专业实际的科研项目，让大学生对自己竞赛有所了解，以此来检测大学生参加竞赛的综合能力，并在此基础上使大学生获得知识和能力上的提升和总结。

对于我国来说，现在搞得如火如荼的大学生学科竞赛，从各方面都符合这种课程的要求。参加竞赛的大学生认为对本人所在的团队，无论在协作能力还是在实际操作能力上都有所提高；其中还有一些学生认为，参加设计竞赛对自己的综合能力有促进作用。学科竞赛作为研究性教育理念的一种表现形式，对知识结构尚不完整的在校大学生而言，学科竞赛既是将平时学校所学与实践操作结合方式之一；也是大学生主动发挥自身研究问题、解决问题的有效平台之一；还是检验高校教学成果的重要评价指标之一。因此，研究大学生学科竞赛，有利于推动高校课程建设和教学改革的实现；有利于推动研究性教学理念在其他教学过程中推广落实；有利于推动高校学风校风建设；有利于带动毕业生综合能力的发展。以上所述，大学生学科竞赛促进了大学生在知识储备、动手能力、逻辑思维，综合能力等方面显著的提升。

对于高等院校而言，学科竞赛是提高大学生综合能力过程中的一种体现形式。通过现状分析和调查，找出目前大学生在参与学科竞赛过程中存在的问题及其形成原因，给出基于在研究性教学视角下，大学生参与学科竞赛实施途径、方法和策略，可以供广大高等院校参考，为高等院校制定教学改革提供启发和可以实际操作的步骤，发现研究性教学模式在教学过程中的优缺点和学科竞赛存在的问题，从而更准确地完善大学生学科竞赛管理体系。

第一节 竞赛的重要性

1. 竞赛的举办

学科竞赛是实践教学过程中的主要内容，有着常规教学不可及的特殊的教育功能，是整合实践教学的重要环节，是培养毕业生创新和动手能力的有效平台，对培养毕业生创新能力，优化教学质量和毕业生人才培养过程，具有不可替代的作用。促进大学生创新能力的培养随着科学技术的迅速发展，毕业生学科竞赛或科技竞赛题目难度也不断加大。目前，学科竞赛基本上都是公开征集，专家选定，富有创造性，命题方式非常灵活，强调创新在竞赛中的运用，强调将新方法、新技术体现在作品中。考察知识面不仅仅局限于针对的单一专业，更多地涉及相关交叉学科的内容，对竞赛的要求更突出了创造性、创意性，要求学生要有很强的实际动手能力、逻辑思维能力、协调组织能力等。因此，参与学科竞赛不仅给大学生提供了一个展示才能的舞台，更是对大学生创新意识和思维能力的挑战。通过学科竞赛这个平台，可以在很大程度上打开学生的思路，启发学生动脑，提高学生兴奋点，培养创新能力，提升高校教学成果的展示。

在信息技术迅速发展的今天，学科竞赛的内容越来越新，并和现在当前科学领域内所研究的内容息息相关，结合所学专业知识，联系现实问题，主要表现在基础专业知识与自身综合能力的结合、传统教学设备与新型教学设备应用的结合。学科竞赛水平，间接或直接体现了高等院校的教学和人才培养的质量学科竞赛必须能够营造良好科学学习环境，培养毕业生在学习过程中自己的创新精神和实践能力，提高毕业生自我欣赏能力和遇到困难不屈不挠，面对挫折的承受能力，收获学科竞赛得到的成果，而对于高校来说，提升了教学成果，最终实现个人价值和学校名誉、教学成果的双赢，同时成为学校教学成果展示窗口。

2. 毕业设计现状

设计专业近年来一直是院校的热门专业，专业增设与学生扩招成了院校常见之事。因扩招和专业人才供大于求的缘故，一定程度上影响了设计专业毕业生的质量以及就业率。毕业设计通过设计实践和创作实践，可以增强学生的动手能力，提升进入社会的竞争力。尽管如此，目前我国大多数高等院校对毕业设计这一重要教学环节依然重视不够。这主要体现在以下两个方面：

第一，目前的毕业设计教学存在着时间安排比较靠后，选题较为陈旧的缺陷。将毕业设计放在最后一个学期的做法虽然能够为学生即将进入工作岗位起到一定的铺垫，但从时间上就比较紧张，不够灵活；在选题方面，作为艺术设计专业教学理念及成果的最终展示环节，毕业设计的选题却相当单一甚至保守，多年来一直落入沿袭传统方向的窠臼之中。

第二，从现行教学模式来看，创新之举较少，惯常做法较多。所谓惯常做法就是在毕业设计教学过程中习惯从以往题库中帮助学生挑选论题，然后指导其按照要求的格式、设计的内容、设计的主题和风格进行作品设计，完成毕业设计任务。这种单调乏味的教学模式导致学生对毕业设计缺乏兴趣以及新鲜感，无法充分调动学生的积极性主动性，让学生投入足够的热情与精力进行学习与创造，并且发挥创作才华。此外，当下我国不少高校毕业设计在答辩时间、场地、答辩教师和评分标准等方面尚且存在着流程一律、辩论过程特别简单、评分过分依赖教师主观倾向等问题，毕业设计与毕业答辩呈现脱节的状态。

第二节 竞赛主题的理解与把握

当参加一项概念竞赛时，参赛者最先接触的便是竞赛的主旨和主题。参赛者都知道，对于很多确定范围的竞赛只规定了竞赛永恒的宗旨而每一届竞赛不再另行限定主题；另外一种范围模糊的竞赛则会在每次竞赛开始时制定完全不同的竞赛主题。后一种竞赛也是当今大多数竞赛采取的形式。无论是固定的主旨还是变化的主题都需要参赛者认真理解与分析，为创作概念的确立打下坚实的基础。不限定的主题和类型常常使参赛者觉得限少，可以毫无顾虑的天马行空。实际上却不然，这种类型的竞赛虽然看似没有限制却有着比较明确的态度和竞赛精神。看似"无题"，实则参赛者的作品最容易"偏题"。很多参赛者没有深切领会竞赛的主旨，在缺少规定主题的情况下常常无法集中思维做出有效的判断，作品创作也显得比较发散。这些都是没能重视和理解竞赛主旨而使后续的工作开展不利导致的结果。

（1）深入理解竞赛主题。通过往届的竞赛获奖成绩参赛者可以了解到竞赛主题的制定与时代所处的环境和景观思潮有着密切的联系，所以当参赛者面对主题型的竞赛时不仅要了解主题所规定的内容，更要对主题背后的大背景和环境有深入的理解。这对参赛者确定具有深度的创作概念有着极大的帮助。

（2）解读竞赛。对概念式竞赛规定的主旨或主题理解的程度会直接影响概念创作的深度。一般的概念式竞赛的主旨不会规定太多内容，这为参赛者提供了广阔的思考空间，但实际上因为主旨提供的信息较少也容易导致设计者的思考方向趋同。所以我们看很多竞赛的作品虽然形式各异，但在思考问题和解决问题的角度上却不尽相同。这些相同的创作倾向就代表着一种对竞赛主旨的常规理解，如果参赛者都是按照这样一种思路去发展概念、展开竞赛，对更深入地挖掘作品概念的潜力是非常不利的，而应当尝试从根本上、从思考问题的源头处来变化视角触及竞赛主旨更深层次的内容。

第三节　竞赛创作概念的确立

从早期竞赛作品单纯地注重空间和形式上的"概念"到现代创作中不断强调关注社会、关注环境、跨学科发展的"大概念"，人们对概念的理解与追求也在不断地发生着变化。对于竞赛的参与者来说，在理解竞赛的主旨和主题的基础上就要进一步确定创作的概念。一方面，当代的竞赛越来越强调竞赛作品概念的原创性与独特性，注重参赛者对于社会问题的深度挖掘和对解决问题方式的不断探索，而这些已经无法再通过空间形式手段得以解决了；另一方面，具有创意的创作概念并非可遇而不可求，绝非是凭借灵感与火花才能创作出灵动的作品。

1. 学科交叉思维

现代科学和文明的快速发展为各个学科和领域之间的交流与拓展提供机遇和平台。设计在发展过程中也不断汲取来自各个领域的知识，而这种方式也凸显在概念竞赛的概念确立之中。实际上从题目中参赛者便可以直观地感受到作品的概念不仅仅局限于人文和城市自身的词汇范围内，而是综合引入了生态学等很多其他学科的知识架构，作为切入概念的一种手段。通过这种概念和架构引用的方式可以打开一条全新的思路，为概念的发展注入了活力。在现代的概念设计竞赛作品创作中已经成为一种很重要的创立概念的思考方式。

2. 关注社会热点

当代设计所涉及和关注的范围已经远远超过了形式美学的范畴，转而对人文因素更加关心。所以，当代竞赛中即便出现具体的竞赛主题，竞赛组织者也不会仅仅关注设计本体的美学与效率，很多竞赛获奖作品往往通过深刻挖掘主题的内涵并且表达较深刻的立意而赢得了尊重和好评。所以一种有效的寻找作品概念的方式便是紧密关注社会的热点和焦点问题，针对这样一个大背景展开思考。当然这种思考并非功利性的，只有真诚面对问题才能得到最真诚的答案。参赛者根据自己对于题目的理解，既可以选择宏大叙事也可以具体而微地展开设计。实际上，对于毕业设计题目选择也成为参赛者确立概念的一种有效途径，因为参赛者所选择的基地范围是否与竞赛主题相符合，是否能够给设计者创造足够的灵感和火花，这些都对设计是否能够顺利开展和深入起着重要的作用。而选择具有话题点则为设计者提供了一种思考的捷径。

3. 理念畅想拓展

概念设计竞赛的作品往往展现出了极强的创意性。好的作品就如同一部构思精良的小说或是一副引人入胜的画卷。参赛者在参与竞赛时都希望做出极富创造力和想象力的设计，以使自己的作品充满个性并区别于他人的设计。所以为了凸显概念的纯粹性，有些非常浪漫的想法要极力突出其富有创意和感性的一面，而对其技术细节实际上可以有所省略。这种思考方式更能帮助集中全力确定更加纯粹的概念而不为一些细枝末节所干扰。

4. 概念深入探索

对经过选拔最终参赛的学生进行强化训练，着重提高参赛者的实践动手能力，必要时可以带领他们走进企业生产第一线，让参赛者更加真切地了解竞赛项目的实用价值。在设计竞赛结束之后对学生在竞赛中所暴露的知识薄弱点和欠缺点进行总结复习，再从以往竞赛中选择适合毕业设计的题目，拓展、延伸后作为学生的毕业设计选题，使学生对毕业设计作品有更高层面的认识，提升他们的设计动手（实践）能力与竞争意识，完成毕业设计的教学目标和人才培养计划。

第四节　竞赛作品的表现方式

表达方式是概念设计竞赛作品创作很重要的一部分，恰当舒服地表达不仅能够增强作品的美学感染力，最重要的是对于突出创意和设计意图功不可没。但本节所讨论的表达方式并非完全是图面的表达，而是设计者要选择一种怎样的表达方法来承载自己的思考。具体地说，就是当参赛者选择用纸板做手工模型和用计算机做数字模型的时候，他的确选择了不同的表达方式但实际上他也选择了不同的思维方向。

1. 手工模型

手工模型是景观设计师最古老也是最当代的思维表达方式，之所以这么讲，是因为即便虚拟的科技再强大，这种大脑与双手协调劳作的原始欢乐都是记载人类灵感的最真实最有效的手段。模型表达代表的是一种模型思维能力，是人类最基本的认知和感受空间的方式。很多时候设计者对制作手工模型存有一定的认识误区，一方面我们经常认为制作手工模型是非常低效的方法，完全可以用计算机制作更加准确并且具有手工模型效果的数字模型；另一方面设计者制作的手工模型基本都是用来为一个既有的形体概念表达明确的视觉效果，作为设计结果表达呈现给大家。

2. 手绘表现

在计算机表现和建模技术已经非常完善的当代仍然存在大量的手绘表达方式，也证明了徒手绘制设计图的独特魅力。一方面，手绘表达的内容是最接近设计者脑海中的构思创意，很多模糊的创意通过简练的线条可以得到完整的陈述。很多时候设计者借助计算机模型很难描绘出脑海中朦胧的印象，但是通过虚实结合的徒手表达却可以做到这一点。另一方面，手绘表达对于避虚就实，突出设计重点具有明显的优势。相对于越来越多的数字模型和渲染图来说，手绘图的表现给人以更加清新脱俗的感觉。

3. 计算机数字模型

发达的计算机建模与表现技术现在已经成为设计者思考问题不可或缺的工具。虽然手工模型具有计算机模型不可替代的独特之处，但是计算机模型在虚拟世界与表现方面的确有着明显的优势。一方面，计算机模型在建立大场景、细化深入方案以及多方案比选时能够快速准确地反映设计者的思路。试想设计者要对10个方案进行可行性的比较分析时，手工模型的确不方便我们进行项目比对整理工作，而采用计算机模型，设计者就可以更加快速、准确、全面地进行判断。另一方面，计算机模型具有丰富而独特的表现能力。在这个追求信息图像化、视觉化的时代，计算机虚拟模型可以更随意地表达设计者想要的效果和创作意图，增强竞赛作品的视觉美感和冲击力。

第五节　参与竞赛的注意事项

1. 明确目标

参赛毕业生的选拔对学科竞赛能否取得良好成绩至关重要。一方面它是学科竞赛激烈竞争的来源；另一方面是良好学科竞赛团队需要有团结协作精神，成员个人需要有刻苦钻研、积极进取、顽强拼搏的精神，因为在竞赛过程中面对困难与挑战时，需要毕业生独立面对挫折和困难，处理各类突发状况的能力，需要毕业生具有一定心理抗压能力，并有学科竞赛考核范围内具备的相关专业知识，另一方面是毕业生参与学科竞赛的动机，因为学科竞赛就是选拔优秀人才的过程，即选择优秀毕业生。它除了具有竞争性和对抗性外，还有冲突性和功利色彩，对毕业生而言有获得社会声誉和未来就业的优势外在动机，所以参与学科竞赛的毕业生要求有正确价值观。

大学作为培养高素质人才的摇篮，它不但要探索、追求、创造、传播知识，也要引导学生理性、自律、智慧和负责，培养和塑造具有完善品格的大学生。在这其中，培养创新型人才是大学的重要任务，但不是每一个大学生都能具有这些素质，只能通过选拔具有创新潜力能力的大学生，之后在学科竞赛过程中逐步深度培养参与竞赛大学生的健全人格、良好个性、优秀品质、进取精神、创新意识和能力。

2. 表现风格

参赛者要通过发散思维头脑风暴再逐一筛选，特质性其实就是特殊性，即普通的对立面。带有特质性的题目，就是严重的、亟待解决的社会或自然问题。例如，矿坑、黄土高坡、梯田、充满犯罪感的阴暗街巷、棕地，等等，会随着近年的流行关注点而发生改变。所以要经常关注相关动态，选择与流行趋势相契合的主题。表现风格可以多样，但是一定要抓住竞赛的主旨意图，把握整个竞赛的要求。风格是一般还是要简单、清晰，使得整个版面等表现方式一目了然。

成果用色饱和度宜低，色系宜统一且偏灰。配色用色方面可以参考德语区学校学生作品。排版宜严谨。局部上，例如主要的表现图或面积最大的图，可以活泼一些。谨慎留白。表现图素材像素一定要高。色彩宜明快淡雅。切忌商业气息过浓，可以采用拼贴或对非主要表现内容黑白、半透明处理。不要出现普通的人物素材，人物要贴合设计的实际受众。不要出现"老八代"的轴线、节点、区位、箭头虚线分析。适量使用技术性的图纸、图表、逻辑框图和可视化数据作为分析图，善于使用分析图表达自己的逻辑过程。可以将传统的分析图用新颖的方式表现，如小渲染、小轴测、扁平化设计、色块叠图、阵列式分析图组等。适当的缩小简化文字或图面要素，可以使图面显得更加精致。

3. 明晰内容

好的设计大多是同时产生生态和人文效益的，选择一个切题的切入方向，不贪多求全，但求精准。理念上有个性、有灵魂、有追求、有主心骨，能突出主题，分清主次要矛盾，避免因小失大。好的设计应当像简洁精妙的论证推导，尽量安放在合理的逻辑框图框架内，所有的动作皆有理有据，具备前后起承关系，避免脱离理性，无故凭空飞出的所谓灵感。不节外生枝。取你能想到最直接、最立竿见影也最能打动自己的具体实现方法，不断美化调整到易于被接受且能够具体实施的程度，切忌过度标新立异、哗众取宠。

4. 主次分明

专业知识是指一定范围内相对稳定的系统化的知识。开展学科竞赛活动有利于专业知识的深入学习，具备专业知识也是开展学科竞赛的基础，只有具备好的专业知识才能发挥出大学生在学科竞赛中的创新能力，就像一座坚实的房子少不了结实的地基一样。因此，高等院校在选拔人才中要以专业教育为背景，以专业导师为核心，以专业技能为依托，以专业团队为支点，才能在学科竞赛中取得优异成绩。有了导师作为核心，组建起的专业团队就有了强大的智力保障，就能最大程度地激励成员的创新意志，能为成员指明创新方向。知识经济的来临和社会经济可持续发展要求把培养创新人才重任提到了每一个大学生的面前。

总结： 围绕设计竞赛开展毕业设计，这种既能调动学生学习积极性，又能提升教师素质的教学模式，其优点是传统的毕业设计实践教学方式所无法比拟的。通过引入设计竞赛，围绕竞赛课题进行毕业设计，不仅有利于充分挖掘学生的创造能力，提高艺术设计专业的整体教学质量，而且对培养大量艺术设计方向的应用型、创新型人才大有裨益。因此，可以考虑在院校推广应用，用有吸引力的项目任务提升参与人员的斗志和眼界，又给参与人员拓展专业领域纵深发展的空间。

第七章 优秀毕业设计的评价及名家解析

第一节 毕业设计的评价指标

××××××学院本科毕业设计答辩过程记录表

学生姓名： 　　　学号： 　　　填表日期： 　年　月　日

评价内容	评价指标	评分值	评定成绩
题　目			
开题报告	能独立查阅文献和从事其他调研；能正确翻译外文资料；能较好提出课题的开题报告；综合分析的正确性和设计、计算的正确性；论证的充分性	10	
业务水平	有扎实的基础理论知识和专业知识；能正确设计实验方案（或正确建立数学模型、机械结构方案）；独立进行实验工作；能运用所学知识和技能去发现与解决实际问题；能正确处理实验数据；能对课题进行理论分析，得出有价值的结论；有较好的专业外语水平	30	
设计说明书、图纸	综述简练完整，有见解；立论正确，论述充分，结论严谨合理；实验正确，分析处理科学；文字通顺，技术用语准确，符号统一，编号齐全，书写工整规范，图表完备、整洁、正确；论文结果有应用价值；计算及测试结果准确；工作中有创新意识；对前人工作有改进或突破，或有独特见解	40	
工作量、工作态度	按期完成规定的任务，工作量饱满，难度较大；工作努力，遵守纪律；工作作风严谨务实	20	
合　计		100	
导师评语			

指导教师签名：＿＿＿＿＿＿＿

上篇　毕业设计整体方案

××××××学院本科毕业设计评阅人评阅表

学生姓名：　　　　　学号：　　　　　填表日期：　　年　月　日

题　目			
评价内容	评价指标	评分值	评定成绩
开题报告	查阅文献有一定广泛性；翻译外文资料质量较好；综合分析的正确性和设计、计算的正确性；论证的充分性	10	
设计说明书、图纸	综述简练完整，有见解；立论正确，论述充分，结论严谨合理；实验正确，分析处理科学；文字通顺，技术用语准确，符号统一，编号齐全，书写工整规范，图表完备、整洁、正确；论文结果有应用价值；工作中有创新意识；对前人工作有改进或突破，或有独特见解	70	
工作量、工作态度	按期完成规定的任务，工作量饱满，难度较大	20	
合　　计		100	
导师评语			

评阅人签名：＿＿＿＿＿＿＿＿

××××××学院本科毕业设计成绩评定表

学生姓名：　　　　　学号：　　　　　填表日期：　　年　月　日

题　目			
项　目	评定成绩	权值	计算结果
指导教师评定成绩		30%	
评阅人评定成绩		30%	
答辩成绩		40%	
总评成绩			

学院分管院长签名：＿＿＿＿＿＿＿＿

第二节　毕业设计提交材料

1. 学生个人材料

（1）毕业设计任务书
（2）开题报告
（3）中期检查表
（4）毕业设计说明书
（5）毕业设计作品展板（展览尺寸：1200mm×900mm，分辨率72，图册资料展板：297mm×210mm，分辨率300）
（6）毕业设计作品图册
（7）指导教师评阅表
（8）评阅人评阅表
（9）答辩成绩表
（10）成绩评定表
（11）资料光盘一式两份（内容包括：学生个人资料所有电子材料）

2. 专业汇总材料

（1）任务安排情况表
（2）毕业设计成绩汇总表
（3）答辩记录表

第一部 工业设计篇

下篇　毕业设计作品解析

- 自动投食器
- 连接件（内置机件）
- 鱼缸
- 支架（水循环系统）
- 水培种植篮
- 种植盆上盖
- 种植盆基座
- 按钮
- 底座

家庭蔬菜种植设备设计

鱼菜共生
智能·环保·零排放
轻松享受种植与养鱼的快乐

▶ 设计说明：

产品采用鱼菜共生这一概念，将植物种植与鱼类养殖结合在一起，并应用智能化的手段，使整个操作系统实现自动化。

产品分为三部分。
上半部分为养殖区域，包括鱼缸、连接件和可取下单独使用的自动投食器。
下半部分为种植区，包括基座、透明花盆以及种植篮。
中间的支架不仅起到支撑的作用，其内部的水循环系统搭建起联通养殖与种植的桥梁。

▶ 产品细节图

▶ 多角度视图

第一部 工业设计篇

题名：家庭蔬菜种植设备设计
学校：华南农业大学
设计：采海杰

评语：方案设计完整，力求解决实际问题，在种植设备的功能、外观等方面进行综合分析，根据家庭蔬菜种植设备的需求导向，力求做到清晰、完整的方案内容表达。

Multifuntional
Baby carriage
Shopping trolley

寿命短，淘汰率高

功能单一

操作复杂

问题导向

因为婴幼儿正处于身体快速发展的阶段，导致婴儿车的使用周期，使用期过快速，从而引起资源的浪费；其体积大，操作难等问题都是婴妈妈们不愿使用的体验，甚至影响婴幼儿的健康成长。

设计理念
Design Concept

随着人民消费观念的不断改变，年轻又有个性的父母对婴儿车有着更严苛的要求，然而因为婴幼儿正处于快速发展的阶段，导致婴儿车的使用周期特别短，现今市场上的婴儿车仍无法很好地解决这个问题；而此款婴儿车运用很简单的结构，却达到了婴儿车和购物车巧妙的转换，以此提高了婴儿车的寿命。

形态转变
Morphological Transformation

题名：多功能婴儿小推车
学校：华南农业大学
设计：张志奎
评语：设计内容理念清晰，有较好的美感，较好地表达了设计构思，有一定的应用和商业价值，版面布局过于规整，使用场景较为粗糙，版面的效果不足。

工业设计篇 第一部

早餐一体机

设计原理

营养早餐的四大元素：谷类能量、蛋白营养、碱性豆奶、果蔬精华。

这款早餐机将豆浆机、蒸炉、多士炉集合为一体。在相同时间内，可以同时做出多种早餐，满足一家三口的营养需求，同时还附带有预约功能、自动清洗功能，节省了做早餐的时间。在造型上，采用大倒角造型，将木质与白色塑料相结合，营造一种自然、健康的感觉；控制面板呈45°倾角，便于使用者操作。

操作图

三视图

功能描述

蒸炉部分：
微电脑控制，多个档位选择
可以同时蒸2个包子、3个鸡蛋。

多士炉部分：
四槽位设计，可以同时烘烤四片面包。

豆浆机部分：
微电脑控制，可以选择五谷、干豆、湿豆、果汁等四种功能。

题名： 早餐一体机

学校： 华南农业大学

设计： 曾 瑞

指导老师：

评语： 方案对该产品的设计分析很详细，准确提出了关于早餐一体解决方案，并给出合理的设计方案，整个设计比较完整，具有一定的创新性。但是对于功能，应适当增加介绍。

第一部 工业设计篇

infinite love

设计说明

椅子高度、角度都可调节

七档高度伴随儿童长大

吃喝玩乐睡，不同角度全方位照顾日常生活

隐藏小滑轮，想去哪里就去哪

伸缩食盘，即使宝宝吃得壮也不怕坐不下

食盘双层设计，吃玩两用

全椅无尖角，可折叠易收纳

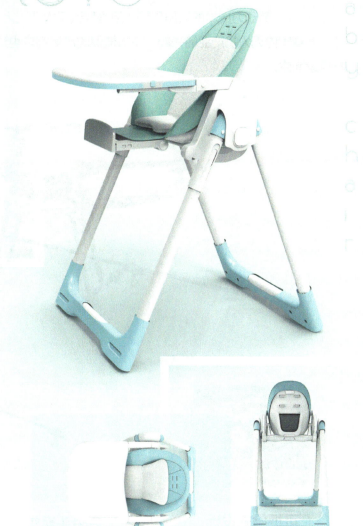

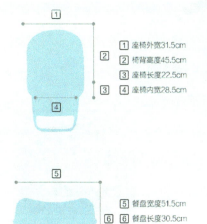

1. 座椅外宽31.5cm
2. 椅背高度45.5cm
3. 座椅长度22.5cm
4. 座椅内宽28.5cm
5. 餐盘宽度51.5cm
6. 餐盘长度30.5cm

110° 舒适的坐姿角度，培养宝宝良好的用餐习惯

120° 喂辅食角度，让6、7月的宝宝舒适的吃辅食

130° 半躺的黄金角度，让宝宝吃饭后可小憩一会儿

140° 防呛奶角度，与妈妈的喂奶姿势相同，适合饮奶后休息

150° 适合0-6个月，脊椎未发育完全的宝宝，贴合脊椎，舒适睡眠

题名：Infinite love Baby Chair
学校：华南农业大学
设计：何倩妍
指导老师：
评语：选题贴近生活，以儿童座椅为设计对象，创作一个适合儿童的方案。方案对于材质的挑选和搭配比较合理。设计方案结构尽量符合儿童的需求。不足之处在于座椅形式的方便性欠缺考虑。

工业设计篇 第一部

四轴植保无人机

近年来，劳动力成本的增加和其他因素导致了农业工人的短缺和作业效率的下降。此外，随着国内无人机产业的兴起，飞防植保的市场需求也逐渐加大。农用植保无人机随着应运而生。

可折叠式设计

多喷头系统

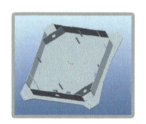

创新镶嵌式机身设计

技术参数

机架及其他	飞行参数	喷洒
轴距：1.4m	最大飞行重量：24kg	喷幅：1.0-3.5m（可调）
飞行器类型：X型四旋翼飞行器	空载飞行时间：28min	喷头数量：4-5个
裸机重量：8.3 kg	负载8kg续航时间：10min	雾化粒径：130 - 250 μm
药箱容量：10L	最大爬升速率：2m/s	单架次作业：7-10亩
螺旋桨：30寸8度螺距（可折叠）	续航速度范围：0.5-8m/s	
电池规格容量：22.2v 16000mah（2个串联)		
工作温度：-10 ℃至+55 ℃		

题名：四轴植保无人机
学校：华南农业大学
设计：胡浩文
评语：该作品对无人机的农业用途进行设计，通过设计大幅降低劳动成本。方案整体条理清晰，功能完善合理。立足于现状，从实际出发进行设计。但是欠缺一些创意，整个设计略显简单。

题名：蒙太奇家具组合
学校：华南农业大学
设计：黎颖蕾　毛静怡

评语：设计图纸内容完整，方向明确，作品完整且有较好的形式感，有一定的应用和受众面。图纸排版布局过于规整，整体色调过于单一，版面视觉冲击力不足。

系列化配色方案

Mellow是一款边桌式蓝牙音箱，实木和麻布搭配，整体朴素自然，简约大方。音箱内置电池，随时随地断电播放，提供USB充电。

题名：mellow 边桌式蓝牙音箱
学校：华南农业大学
设计：李敏嫦

评语：该设计为边桌式蓝牙音箱，通过对音箱的设计，使得音箱在功能及携带上更加富有设计感，很大程度上方便了使用者。设计立足于现状，从实际出发进行设计。但是欠缺一些创意，整个设计略显简单。

第一部 工业设计篇

CHILDREN SCOOTER DESIGN

New joy scooter combining banlance car and scooter.

Design Background / 设计背景

　　儿童滑板车因其易上手、易控制的特性，备受父母和孩子的青睐，成为众多玩具中的热销品类。然而现有的滑板车玩法较为单一，而且大多存在安全隐患。如何设计出娱乐性高同时又安全、易用的儿童滑板车成为了本次设计的重点。

Function 1 / 轻松切换成平衡车模式

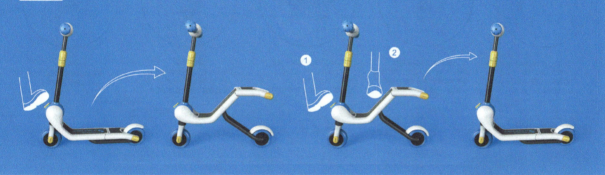

Function 2 / 调节把手高度

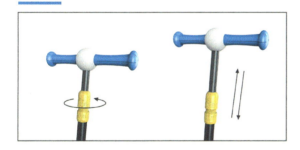

Function 3 / 装有避震装置，滑行更平稳

内置弹簧，减少因路面陡坡造成的车头的震动

题名：无障碍儿童滑板车
学校：华南农业大学
设计：龙杰珊
评语：该设计为儿童滑板车设计，通过对滑板车座椅的调节，使得滑板车安全，易用。功能完善合理，通过对产品的转化，很大程度上提高了产品的使用率。不足之处在于整个设计创新点不足。

第一部 工业设计篇

创新型环保产品设计研究
Research on Innovative Environmental Protection Product Design

M-户外水杯 multifunctional outdoor cup

本设计将户外使用者对光和水的需求结合，再创作出这款可以利用仿生结构汲水、以及利用太阳能转化为电能供节能小灯泡使用的户外水杯。
该设计从环保的角度出发，利用清洁能源，仿照大自然中在恶劣环境也能生存下去的动物特性，以及利用环保无毒的材料进行工艺制作，目的在于呼吁人们珍惜地球资源，爱护环境，为节能环保事业作出自己的贡献。

功能设计 functional design

瓶身设计线条流畅 符合人机工程 使用环保健康材质 并且质量较轻、无毒	沙漠甲虫仿生汲水结构 可以利用透明的汲水结构在夜晚收集 空气中的湿润水分并进行储存 满足人们白天的饮水需求	利用清洁环保能源太阳能 吸收太阳光中的辐射能 并且转化为电能 储存在12v的铅酸蓄电池中备用	照明装置 通过瓶盖上的按钮控制开关 利用太阳能转化为电能并储存 在铅酸蓄电池中的电能运作	瓶盖可扭动 可以灵活处理空间位置 并且保证受光面

使用场景设计 usage scenario

白天
作为一只户外使用的杯子
满足人们白天的饮水需求
同时在户外环境使用时可以随时
吸收太阳光的辐射能
并且转换为电能
在铅酸蓄电池中储存备用

夜晚
不仅能装干净的饮用水
还可以释放白天储存下来的电能
运作LED节能环保小灯泡
满足户外使用者对光的需求
同时可以利用表面仿生汲水结构
对水资源进行收集并引流
从而人们可以

结构设计 structure design

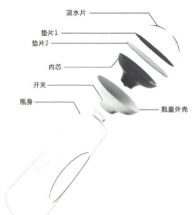

汲水片、垫片1、垫片2、内芯、开关、瓶身、瓶盖外壳

内芯的底端有一个凹槽，可以放置节能LED小灯泡，为了防止水瓶中的饮用水被污染，以及电路被水破坏，所以这里加一个由螺纹连接的半球状的透明盖，不妨碍透光性的同时可确保安全。

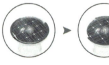

由垫片1和垫片2组成的密封装置，通过旋转闭合的方式运动，使得开口打开——汲水，开口关闭——停止汲水。

第一部 工业设计篇

题名： M-户外水杯
学校： 华南农业大学
设计： 马婉玲

评语： 设计表达很好，画面简单明了，水杯设计合理，照明、杯身等各方面调研比较详细，总结也很全面。分析出的问题比较到位。不足之处在于设计图纸上缺少具体细节。

题名：概念交通工具

学校：华南农业大学

设计：王家宏

评语：在对产品的造型等要素进行全面的综合设计，依据车身的结构布局要求，在其设计结构与使用力求做到清晰、明确，但是画面在文字的阐述上显得不足，可以对其适当进行讲解及介绍。

APPLICABLE PLACES
适合场所

SKETCH 草图　　　CONSTITUE 构成

ABOUT WORK

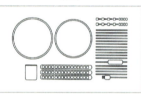

第一部 工业设计篇

题名：简·圆

学校：华南农业大学

设计：陈四海

指导老师：盘湘龙

评语：该设计为灯罩设计，作者在使用材质上有着独到的见解，整个设计基本符合要求，功能完善，从实际出发，设计分析逻辑完整。不足之处在于欠缺一些新意，设计稍显单一。

题名：琉彩圆柜

学校：华南农业大学

设计：陈玉彬

指导老师：王珺

评语：该设计为圆柜设计，设计巧妙地运用了传统的岭南文化，为圆柜赋予浓厚的乡土文化气息。设计大胆、简洁，造型很有新意，但在版面设计上，略显不足。

设计说明：

该设计的理念来源于新中式，造型上取之圈椅与树枝，简练提炼出他们其中的元素相互融合，给人一种回归自然的情怀，又恰好的表达了现代人们所追求的精简之风。

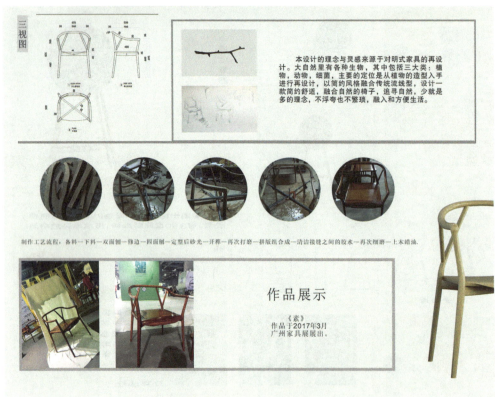

工业设计篇

题名： 素

学校： 华南农业大学艺术学院

设计： 唐振富

指导老师： 陈 哲

评语： 该设计为座椅设计，通过对明式家具的再设计，创造出自己的风格，设计分析逻辑完整；不足之处在于，整个设计创意性不足，稍显单薄。作者可以在舒适度上下些功夫。

设计说明：

这把"The Chair"是新中式风格与简约北欧风格相结合，减少了明式圈椅的庄严深厚性，增加了轻松活泼的趣味，表达出现代生活的气息，整体上给人以质朴、雅致、自然、空灵的感觉。

装饰精简，扶手位加以编织的麻绳加以装饰，坐垫采用棉麻的软质坐垫，舍弃了独板靠背上的雕饰，椅腿造型上粗下细，造型设计上形成了"简而不空、少而含多"的特点。

每一处的曲线用料粗细都极尽飘逸美感，文人气息浓郁，保持应有的结构强度，亦满足视觉上的美感，背脊舒适地靠着S型背板，双手搭在从后背延伸而来的由高至低的扶手上，才会感受到从未有过的惬意。

设计理念：

明式圈椅完全以功能使用为主导，并兼顾形式美的设计理念，在世界家具历史上较早的真正做到功能与形式完美的结合。其自身优美简洁的造型、合理科学的结构、韧性细腻的材质，都与现代设计的思想契合一致。故设计出了"The Chair"

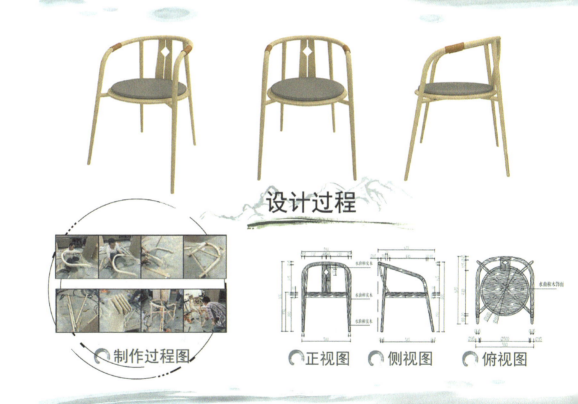

题名：简约圈椅

学校：华南农业大学艺术学院

设计：张黎昀

指导老师：何中华

评语：本设计为明式圈椅，设计表达很好，兼顾视觉与功能的结合。在造型上很好地运用明式特点进行设计，设计立足于现状，从实际出发。不足之处在于设计欠缺一些创意，整个设计略显简单。

工业设计篇 第一部

设计说明：

我的设计是以明代圈椅为原型进行设计的。借鉴了现代家具款式和中国古典家具原形相结合，利用现代家具休闲和古典家具的韵味相碰撞相结合，实现本次设计的目的。风格简约、休闲、高雅、大气。

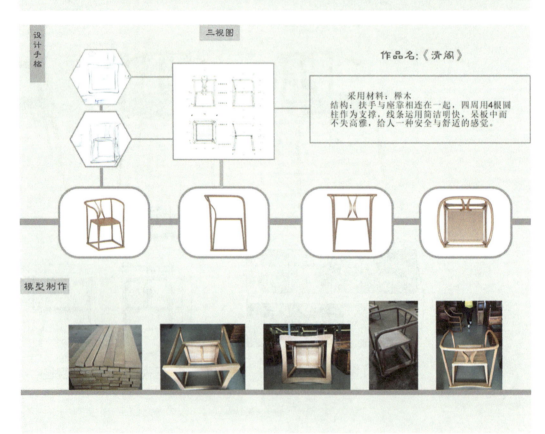

题名：清阁

学校：华南农业大学

设计：黄冠越

指导老师：王　珺

评语：本设计为座椅设计，设计表达很好，风格简约，休闲、高雅。设计分析逻辑完整，在造型上很好地运用明式特点进行改造，从实际出发。不足之处在于设计欠缺一些创意，整个设计略显单薄。

题名： 立式固化吸尘器
学校： 华南农业大学院
设计： 王奕颖
指导老师： 盘湘龙

评语：设计理念清晰且较好地表达了设计的内容，具有一定普及意义，设计作品功能性强，方案表达整体充分，但图纸排版过于简单，缺少视觉冲击。

设计说明

贝椅是一把适合运用在许多场合的家具，简约优雅的造型，婉约的曲线，结合材质坚硬的金属材料，犹如贝壳一般，造型优雅而又坚硬，加上双色皮质的编织，好比贝壳坚硬的外壳下，柔软的内里，包裹着一颗珍珠。提取贝壳自身的弯曲度运用扶手，靠背造型上，编织物的运用营造自然和时尚感，外框线条简约与靠背、坐垫编织的细致缜密作出对比。

清新的配色使得家具尤为轻巧、灵动。满足年轻人时尚的追求又不失实用性。

题名：贝椅

学校：华南农业大学

设计：袁馨如

指导老师：陈 哲

评语：本设计为贝椅设计，造型优雅，材料很有特点，在满足年轻人的基础上，实用也是设计本身的一大特色。本设计立足于现状，从实际出发，不足之处在于设计并没有很大的突破。

设计说明：

笔者最初的设计起始于对传统明式家具的喜爱，明式家具是我国古人千百年来的智慧结晶，是我国最珍贵的瑰宝。但时代总在变迁，传统的符号已不再受新一代人们的欢迎，让传统家具适应现在这个时代，去让更多新一代的人去喜欢，这是《明趣》这件作品的设计初衷，之所以取名为明趣，不仅是因为在这件作品上增加了趣味十足的猫耳朵，更是想让大家看到传统家具多面性，它不光是沉稳大方的，也可是有趣灵活多变的。《明趣》在尺寸上进行了改进，更加地适应现代人的生活方式，去掉繁琐的传统装饰，以纯粹的线条贯穿整个设计，让其呈现简约现代的气息，同时又不失中式古典的韵味，典雅大方。

题名：明趣

学校：华南农业大学

设计：陈雅青

指导老师：薛拥军

评语：该设计为座椅设计，元素从鹿角中提取，颜色搭配得宜，通过对桌椅之间合理搭配，强调整套家具的合理。很好地运用了元素的特点，设计分析逻辑完整。若椅子加以适当的变化效果会更好。

工业设计篇 第一部

惊鹿

设计说明：

惊鹿的设计灵感来源于大兴安岭东北部林区的驯鹿，有机形体的鹿角激发了设计师无限的灵感并创造了惊鹿。桌脚、桌椅扶手和摆件采用了有机造型设计语言，曲线流畅，形体光滑，节奏以及韵律，给人生动、惊艳、优雅之感。

元素提取及细节

鹿角元素提取

细节图

设计草图

效果图

模型制作

1. 根据CAD设计的施工图进行开料。

2. 并将其料后进行调整，把长的木材缩短，切出家具基本造型再进行下一工序。

3. 打磨好后在家具外表着色底漆。

4. 将染完漆放置在室内自然晾干，需时十二三天。

5. 这是上完漆的效果，整体效果还是不错的，基本按照设计图制作，不足之处就是总感觉差有点料，细节感觉淡了点。

题名： 惊鹿

学校： 华南农业大学

设计： 黄田兴

指导老师： 陈 哲

评语： 设计立意新颖，在剪裁和配件上具有渔家生活的气息，配饰为设计增光添彩。设计上曲面较多，较难明确体现出主题所指的内涵。

第一部 工业设计篇

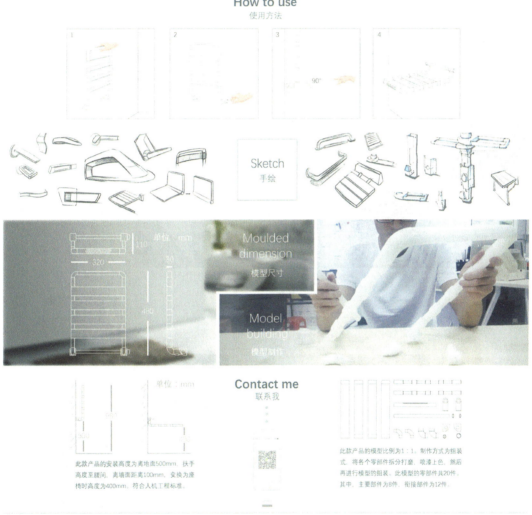

题名：浴室更衣辅助器

学校：华南农业大学

设计：刘凯鹏

指导老师：盘湘龙

评语：设计以关爱老年人为主题要素，整个设计颜色很素，很好的配套浴室空间，使整体设计冷而不僵，自有灵活的气息存在。不足在于整个设计稍显简单。

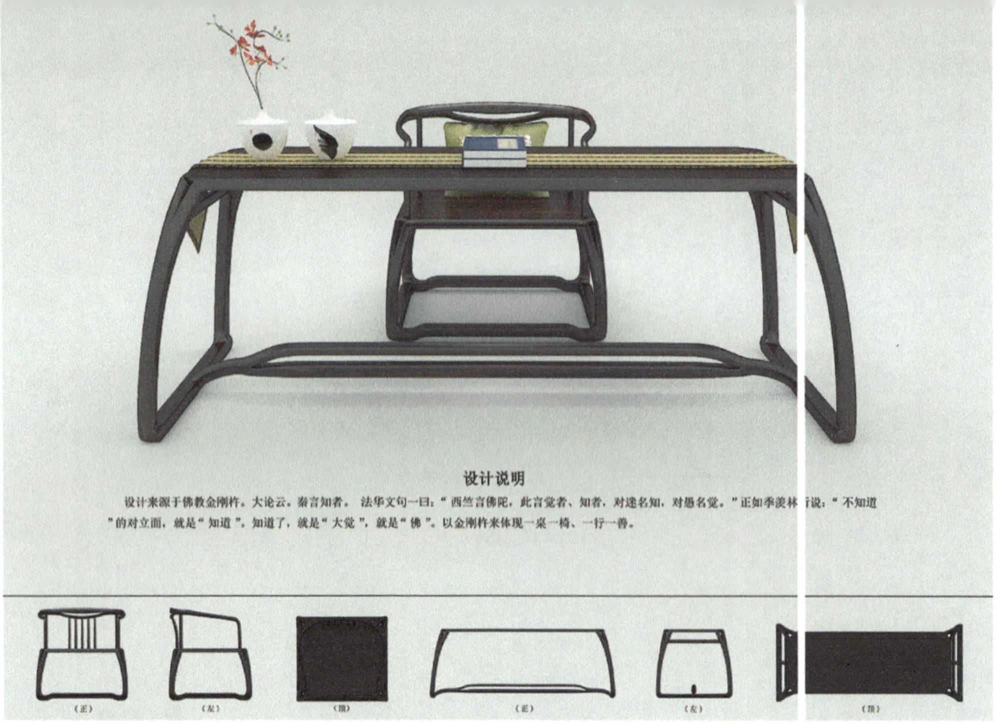

设计说明

设计来源于佛教金刚杵。大论云，秦言知者。法华文句一曰："西竺言佛陀，此言觉者、知者，对迷名知，对愚名觉。"正如季羡林所说："'不知道'的对立面，就是'知道'。知道了，就是'大觉'，就是'佛'。"以金刚杵来体现一桌一椅、一行一善。

题名：芬

学校：华南农业大学

设计：曾译生

指导老师：薛拥军

评语：设计方案明确，设计内容基本符合要求，作品造型完整且有较好的形式美感，凸显了设计的创新，有一定的应用价值。版面欠缺美感，视觉冲击力不足。

工业设计篇 第一部

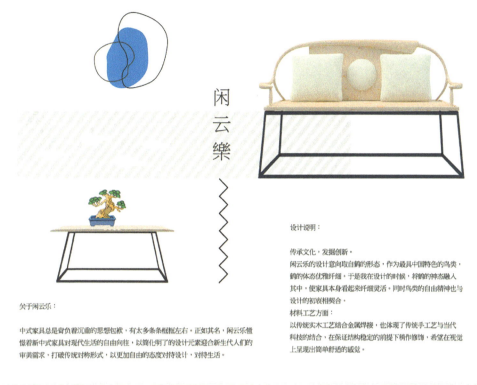

闲云樂

关于闲云乐：

中式家具总是背负着沉重的思想包袱，有太多条条框框左右。正如其名，闲云乐憧憬着新中式家具对现代生活的自由向往，以简化明了的设计元素迎合新生代人们的审美需求，打破传统对称形式，以更加自由的态度对待设计，对待生活。

设计说明：

传承文化，发掘创新。

闲云乐的设计意向取自鹤的形态，作为最具中国特色的鸟类，鹤的体态优雅纤细。于是我在设计的时候，将鹤的神态融入其中，使家具本身看起来纤细灵活。同时鸟类的自由精神也与设计的初衷相契合。

材料工艺方面：

以传统实木工艺结合金属焊接，也体现了传统手工艺与当代科技的结合，在保证结构稳定的前提下稍作修饰，希望在视觉上呈现出简单舒适的感觉。

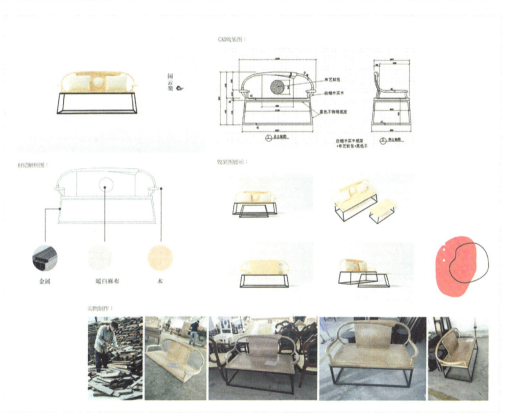

题名： 闲云乐

学校： 华南农业大学

设计： 朱思硕

指导老师： 杨慧金

评语： 设计方案简洁明了，方法可行，作品形象完整且造型独特。方案在细节处理上兼顾美与实用性，有一定的商业价值。版面布局基本完整，视觉冲击力较弱，作品创新点不够。

返璞归真

设计说明：
整体采用简约明朗的线条，将椅子的简约特点表现到极致，避免过多装饰视觉上给人带来压迫感。面对城市生活的喧嚣，希望这是一个让心灵沉淀生活空间的地方。回归自然化，整个椅子最大程度上保留着白蜡木本真的色彩和自然纹理的应用，突显出其独特且不加边饰的木纹肌理。在生活空间中创造田园的舒适氛围。通过对座椅扶手的倾斜设计，打破水平线和垂直线进行变化设计，既有打破了方正设计冷感觉，又赋予其个性特征。整体风格秉承了以自然简约为主的北欧风格，简约而不简单，崇尚少即是

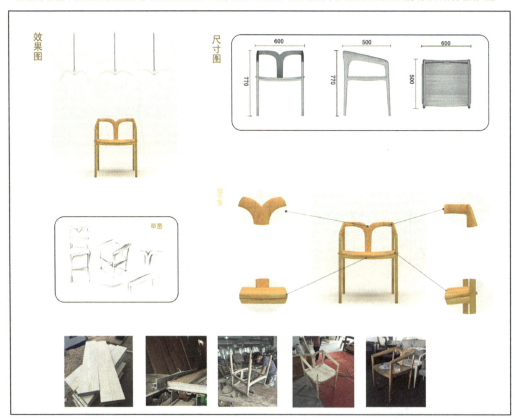

工业设计篇 第一部

题名：返璞归真

学校：华南农业大学

设计：陈宜科

指导老师：何中华

评语：设计准确地运用了线条简单、干净的特点，利用材质肌理的效果，对设计进行装饰，整个设计大气，没有多余的线条，令人留下深刻的印象。不足之处在于版面的设计上可以稍微有现代感。

题名：祥光

学校：华南农业大学

设计：李敬聪

指导老师：陈 哲

评语：设计在造型上具备较强的时代感，大方的几根线条构成使得整个造型很简洁，打破传统家具的笨重，形成一种家具的流行趋势，设计分析逻辑完整。不足之处在于创新点不足。

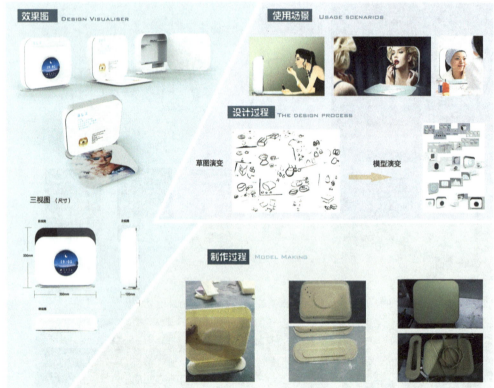

题名：智能化妆品冰箱

学校：华南农业大学

设计：梁秋梅

指导老师：邢成恩

评语：设计立意新颖，通过将化妆与冰箱结合，对产品进行大胆设计，设计可行性大。方案运用了智能化，提高了人们生活的质量，让化妆品使用更加安全。不足之处在于美观程度不够。

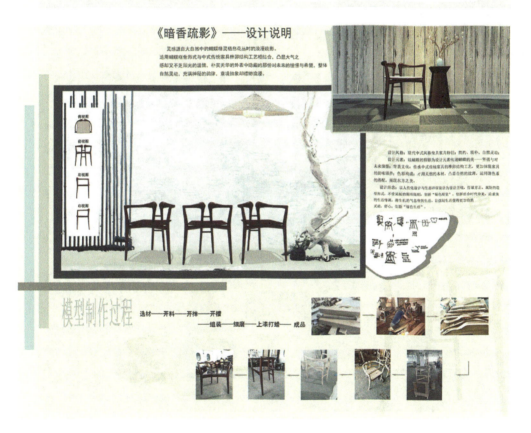

题名：暗香疏影

学校：华南农业大学

设计：袁思欣

指导老师：何中华

评语：设计方案表达完整，但美感不足。方案贴近生活，凸显传统文化的精神。版面布局呆板，逻辑性不足，整体风格不突出。

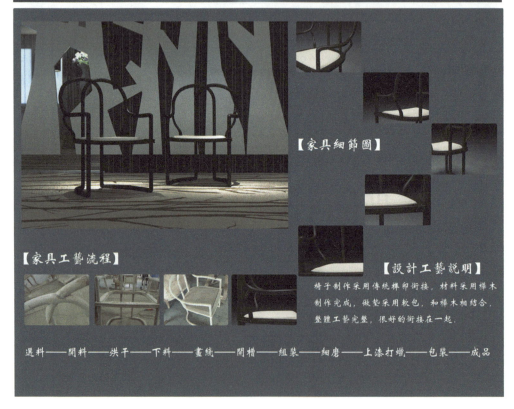

题名：流金岁月

学校：华南农业大学

设计：刘悦新

指导老师：何中华

评语：该设计通过对北欧和新中式家具的提取与运用，设计有着独到的见解，不失情趣，整个设计基本符合要求。不足之处在于整个版面的排版过于暗淡，显得有点压抑。

题名：闲·无
学校：华南农业大学
设计：梁世杰
指导老师：陈 哲
评语：设计立意新颖，设计基本符合要求，在表达设计的同时，进行详细的介绍，可行性强。不足之处在于整个设计缺少细节，显得很呆板。

工业设计篇 第一部

题名：2030 Family Car. Enjoy Old Age
学校：华南农业大学
设计：林　顺
指导老师：杨道陵

评语：设计大胆，有创新，能很好地结合生活实际，设计解决了一些日常遇到的问题，整个设计基本符合要求，能从实际出发。不足之处在于方案不够深入。

题名：Jaguar neutron star concept
学校：北京林业大学
设计：代加恒
指导老师：冯 乙

评语：设计理念清晰，作品形象完整且有较好的美感，较好地表达了所想表达的内容，有一定的现实意义。

不足之处：排版布局凌乱、逻辑性不足，缺少相应的设计说明，使用场景过于凸显，整体版面的吸引力不足。

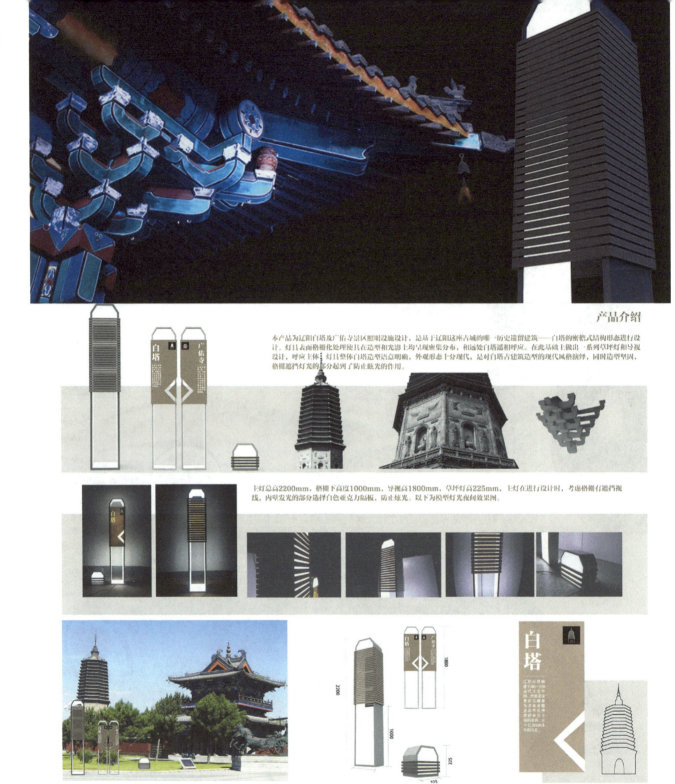

题名：摄影·辽阳白塔及广佑寺景区照明设计

学校：北京林业大学

设计：杜超越

指导老师：韩 鹏

评语：设计方向明确，方法合理，作品形象完整且有较好的美感，体现了对优秀传统文化的尊重和发扬，有一定的应用和商业价值。不足之处在于排版布局自然但逻辑性不足，整体风格不够突出。

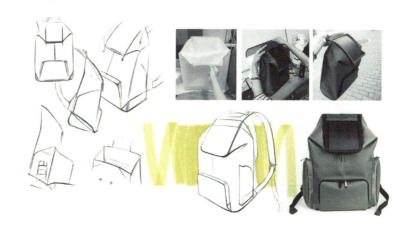

FREI
cosmos

COSMOS意为宇宙,容纳一切,寓意着这个背包优秀的容纳性;同时合理的背负系统能确保高负载情况下的舒适度。太阳能板不仅是能量来源,更是重要的装饰部分,满足功能的同时为用户增添一份个性。

本包设计了全新的打开与造型方式,同时能装入所有15寸电脑,因此相应的体积有所增加,更适合较高的用户使用。

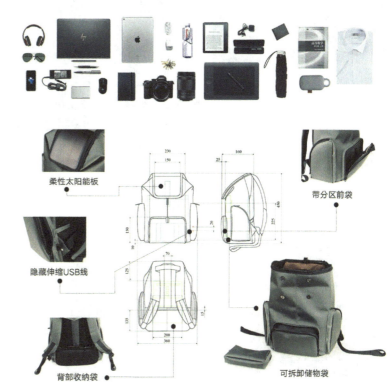

题名:Cosmos 太阳能双肩包

学校:北京林业大学

设计:黄逸韵

指导老师:王渤森

评语:设计理念清晰,作品形象完整且有较好的美感,较好地表达了所想表达的内容,有一定的现实意义。

不足之处:排版布局凌乱,逻辑性不足,字体与颜色与整体风格不协调,整体版面的吸引力不足。

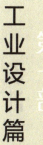

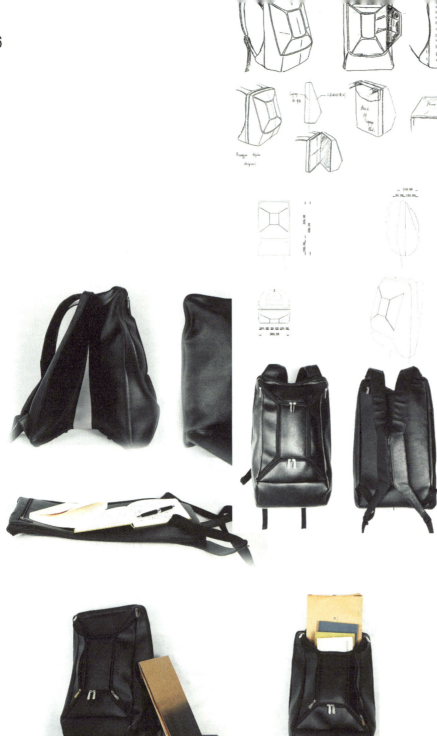

参考当代青年学生的生活习惯、身体特性及心理特征而设计的文具背包

多个明确的收纳分区：可同时收纳大量、多种学习工具；

可拆卸工作平台：最内侧的笔记本电脑存放区域同时也是临时工作平台，可以拆卸下来临时进行一些简单的工作；

改良版背负系统：仿照登山背包的背负系统，简化其辅具（如胸带、腹带）但同时又保留其功能。

工业设计篇 第一部

题名："能·容"文具包

学校：北京林业大学

设计：李德政

指导老师：朱立珊

评语：设计理念清晰，作品形象完整，较好的表达了所想表达的内容，有较好地应用和商业价值。不足之处：排版布局凌乱，逻辑性不足，整体版面的美感不足。

题名：针对女性群体的 DIY 手持电动工具设计
学校：北京林业大学
设计：刘　爽
指导老师：范旭东

评语：设计方案基本完整，方案从女性的角度出发，设计家庭软装的工具，实用性强，具有一定的商业价值。整个方案选题立意新颖，从实际出发，体型小巧，色彩协调，功能性强，符合女性用户的心理特征。不足之处在于设计方案图纸不够深入，只停留在外观设计。

工业设计篇 第一部

题名：路测信号背包系统
学校：北京林业大学
设计：刘 联
指导老师：程旭锋

评语：设计方明确，方法合理，作品形象完整且有较好的美感，体现了对生活的关注以及对人的关爱，有一定的应用和商业价值；排版布局自然、合理，版面程觉冲击力较强，整体风格表达充分。

题名：A-I-O all in one
学校：北京林业大学
设计：沈一飞
指导老师：石 洁
评语：设计方案基本完整，通过人体工程学的研究，在家具体量上进行拉丝处理，使橡木与白柳条协调，带给使用者舒适的意境。不足之处在于整个设计略显单一，缺少详细的设计过程，造型及图案变化的不够充分。

BJFU
College of A & D
Industrial Design
北京林业大学
艺术设计学院
工业设计系

2017届毕业生设计作品
"方寸"

作品名称：
作者：王俊峰

指导教师：陈净莲

"方寸"木制自行车针对白领青年阶层设计，通过简约的自行车形态、木材金属多元素结合，家庭环境使用方式等角度进行设计，解决了用户群体在家中对自行车的使用及存放的需求，造型语言上通过融入明式传统家具的设计理念与元素，满足用户群体的审美与心理需求

"方寸"名字一词，让人感觉到无上的亲切感，木材与金

模型渲染图

材料工艺与结构

榆木木性坚韧，力学强度较高，耐腐蚀性强；榆木纹理通达清晰，刨面光滑，弦面花纹美丽，有着近似"鸡翅木"的花纹，木材经整形、雕磨髹漆，可制作精美的雕漆工艺品

木制车体与金属框架的结合，木制方块经榫卯接合，将金属框架扣合入车体中

榫卯、胶合、无铆钉的结合方式给使用者亲切的体验感
引入明式家具中矮老、攒牙子等设计元素，追求简洁大气之美

第一部 工业设计篇

题名：方寸

学校：北京林业大学

设计：王俊峰

指导老师：陈净莲

评语：设计明确，内容完整，方案讲究细节，方法合理，作品形象完整且有较好的美感，体现了对生活的关注，有一定的现实意义，版面布局合理，整体风格完整。

基于中国"圆"文化的藤编桌椅设计

右45°图

侧视图

古往今来,圆形一直是中国人最钟爱的图形,它代表着人们对精神圆满的执着追求,中国因此形成了圆文化。圆文化是以圆形为基本图形,在此基础上对其进行变换,并将这种变换应用到设计中。

圆分

细节图

人物使用场景图

设计说明:
　　设计师以圆文化为核心设计思想,将椅子的不同面融入不同的圆,将桌子的细节做简单的弧线处理,再以藤编工艺进行展示,使得此设计的"表里"统一,相得益彰。

俯视图

三视图&尺寸图

椅子

桌子

模型制作说明

1、框架:采用不锈钢304进行框架制作,制作过程中运用了剪切、弯曲、焊接三种工艺;
2、藤编:采用PE藤进行编织;
3、颜色:采用黑色。

左45°场景图

题名: 圆分

学校: 华南农业大学工程学院

设计: 张炜如

指导老师: 张继晓

评语: 设计方向明确,方法合理,作品形象完整且有较好的美感。体现了对优秀传统文化的尊重和发扬。有一定的应用和商业价值;排版布局中规中矩,逻辑性不足,整体风格不够突出。

工业设计篇　第一部

Sleep on the Way

　　在中国的大型城市，越来越多的人们选择公共交通工具出勤。在北京，平均每人每天要花费2个小时的时间在路途中，这段时间被大多数人所浪费。Sleep on the Way 旨在帮助缺乏睡眠的上班族以最便捷的方式在公共交通工具上进行短暂休息，与通勤包相结合的设计一方面不再是上班族的累赘，另一方面同时满足人们日常通勤所携带物品的需求。Sleep on the Way 不仅仅是一个好用的功能性产品，更旨在引领人文关怀的生活方式。

材料的选择

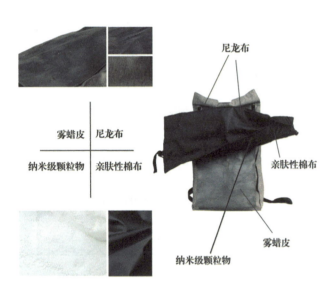

使用场景展示

基于三种使用方式

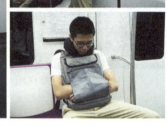

细节图

工业设计篇 第一部

题名：提供短暂休息功能的通勤包设计

学校：北京林业大学

设计：张旭阳

指导老师：张　婕

评语：设计方向明确，方法合理，作品形象完整且有较好的质感，体现了对生活的关注以及对人的关爱，有一定的应用和商业价值；排版布局凌乱、逻辑性不足，版面视觉冲击力较弱；作品创新点表达不够充分。

leaf

材质：金属

设计说明："枝叶"系列户外家具设计是包含叶椅，叶架两件产品，采取"形态仿生"造型方法，以自然枝叶为原型，它身上自然生成的脉络，将其提取出来，运用到椅子的靠背，采用弧形形态，可以很好的包裹人的背部，符合人体工程学。椅子坐面也是采用叶子脉络，由线条组成，整体比较融洽。椅子脚的部分，与地面接触的支点，造型设计为三点接触，这样脚部结构也是比较稳固。椅子后面的架子，整体采用仿生叶子的设计，这种将其放到花园中去，可以很好的与 为苹果绿，柠檬黄，橘红色等自然色系列，主要用于休闲户外空间，小户型阳台空间。

题名：Leaf
学校：华南农业大学
设计：林浩霖

评语：设计立意新颖，方案利用仿生形态，结合人体工程学，并合理利用搭配色彩，基本符合设计要求。不足之处在于整个设计稍显简单，设计的创意性不够。

叠·锁 积木玩具
Jenga . Lock block toys

北京故宫 中国传统玩具 文创产品

本产品的目的是为了让人们在使用该产品时，能以一种轻松、有趣的方式去解读中国传统文化内涵，让人们在生活中耳濡目染。以故宫太和殿、中国传统玩具"孔明锁"以及"叠叠高"积木玩具为设计元素，产品非常直观的呈现了太和殿，叠叠高充当了故宫城墙的效果。通过"叠叠高"积木玩具的过渡，使"太和殿"与"孔明锁"融合一起，让双方的特色与功能能够很好的展现、发挥出来。

理念 CONCEPT: 太和殿 + 叠叠高 + 孔明锁 =

模型制作 Model Making Process
设计定位 Overall Positioning
尺寸图 Dimensional Drawings
草图 SKETCH
爆炸图 Exploded View
功能分析 functional analysis

观赏性：产品的太和殿部分是一个非常直观的建筑模型，很好的呈现出太和殿，使人们一眼就能看到当时故宫的模样，人们可以举起把太和殿拿出展放，也可以将"层层叠"部分组合成宫廷基台的形态，呈现出太和殿雄壮传壮的塔景。

娱乐性：一方面，可以当做居层叠的用法，简单易玩，可锻炼人的手脑协调能力以及耐心力，适合成人使用，更可作为家庭游戏，增进亲子间关系。另一方面，产品橘红色部分，是孔明锁分解的形态，可以当做孔明锁玩具，对放松身心，开发大脑，灵活手指有好处，是老少皆宣的休闲玩具。

在功能方面具有观赏性以及娱乐性，可以用作摆设，也可以当作玩具。色彩选用中国红系列：朱红色、橘红色、枣红色，还有太和殿屋顶的琉璃黄，突出中国特色，协调统一。用颜色分了不同区域，使产品的功能结构一目了然。

色彩分析 Color Analysis

#A52A2A	#EE4000	#EE7621	#FFC125
枣红色	橘红色	橘黄色	琉璃黄

这款产品的设计是从传播中国传统文化出发的，依据使用方式与产品进行的设计，配色上从外形上出发，选用了以中国红（即三原色中的红色）为主色调衍生出中国红系列：橘红色、橘黄色、枣红色，还有太和殿屋顶的琉璃黄。

第二部 产品设计篇

题名：叠锁积木玩具·北京故宫文创产品设计

学校：华南农业大学

设计：彭倩如

评语：设计方案明确，作品形象完整且有较好的美感，造型上针对传统文化进行创新，有一定的参考价值。版面布局合理，整体风格完整，视觉冲击力强。

设计说明：产品以满足家庭书房、公司办公需求为设计的出发点，着眼于现代办工实际，产品颜色轻快明丽，以淡黄色为主基调，给整个空间创造温馨，舒适的办公视觉环境，轻松愉悦的环境带来好的精神状态，同时也提高学习与办公的效率，减缓繁重枯燥的办公心理状态，好环境带来好的办公享受。

功能上，产品考虑的办公实际情况的变化，以多功能组合家具为设计主线，让室内办公用品在不同的办公需求下发挥不同的办公功效，办公桌旁的办公柜可以自由组合变化，便于办公需要的同时通过改变办公柜的形态个办公环境带了轻微的变化，是办公环境的新鲜感足，同时办公材料易于整理归档，查找查阅，是办公的好助手。办公桌在你忙碌之余，可以变成休息的小神器。便于午后的小憩以及平时特色的工作需求。减去路途奔波带来的疲惫感。

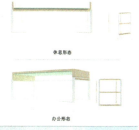

休息形态

办公形态

金属桌腿，由两个面对面的人联想到两双面对面的脚，两脚之间有一根金属连接，达到稳定效果。

办公状态下，桌面向上，桌面底板装有软包，金属腿上方设有软槽，用于固定桌面稳定，可自由嵌入简易收纳柜，金属腿下方可随意插入简易收纳柜，组合更随意。

休息状态下，桌面向下，桌底面软包向上，充当简易床垫，移动收纳柜充当简易床头柜，桌面可嵌入金属脚，简易收纳柜可随意组合呈成不同形态。

题名：灵动空间

学校：福建农林大学

设计：龚　涛

指导老师：叶翠仙

评语：其设计简洁明快，色调统一，空间吸纳性强，与现代室内空间容易结合，具有一定的实用性。若在组合变化方面多些变化会更好一些。

在设计过程中将藤编工艺与传统蓝印花布融入家具设计之中，用质朴素雅的文化元素来丰富家具产生独特的美感。整体材料用黑胡桃木为主，结合蓝布软包和细致的藤编装饰，在结构上采用榫卯工艺结构，以及在家具设计中考虑了老年人生活方式，增加了智能化功能性设计，为老年人生活营造出宁静舒适的意境。

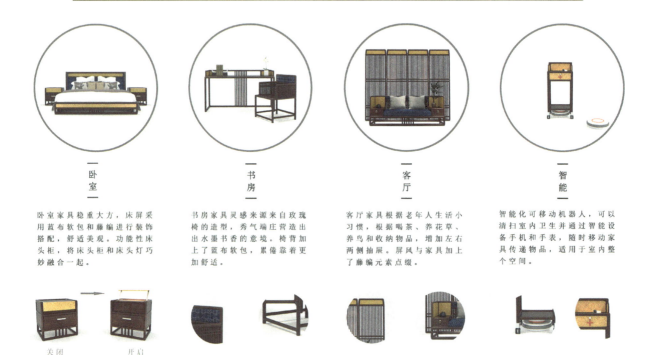

卧室	书房	客厅	智能
卧室家具稳重大方，床屏采用蓝布软包和藤编进行装饰搭配，舒适美观。功能性床头柜，将床头柜和床头灯巧妙融合一起。	书房家具灵感来源来自玫瑰椅的造型，秀气端庄营造出水墨书香的意境。椅背加上了蓝布软包，累倦靠着更加舒适。	客厅家具根据老年人生活小习惯，根据喝茶、养花草、养鸟和收纳物品，增加左右两侧抽展。屏风与家具加上了藤编元素点缀。	智能化可移动机器人，可以清扫室内卫生并通过智能设备手机和手表，随时移动家具传递物品，适用于室内整个空间。

产品设计篇

题名：山居秋宁

学校：福建农林大学

设计人：黄帅华

指导老师：陈祖建

评语：设计方向明确，方法合理，作品形象完整且有较好的美感，体现了对优秀传统设计风格的继承和发扬，有一定的应用和商业价值；排版布局自然、合理；整体风格不够突出，版面视觉冲击力不足。

青·悦

设计说明：

本案设计定位为现代东南亚风格，采用了以蓝色（泰丝布）为主要色调，体现东南亚有代表性的孔雀的环境色彩元素，结构上采用木和黄铜金属有机结合为材料设计出了一套现代牢固且时尚美观的东南亚家具。

设计元素

泰丝布　黄铜　藤编　黑胡桃木

细节

打样家具

制作过程

题名：青悦

学校：福建农林大学

设计：黄 兴

指导老师：蒋绿荷

评语：设计理念清晰，作品形象完整且有较好的美感，较好地表达了设计的内容，有一定的社会应用价值。设计元素运用恰当，整体风格完整，可以适当增加方案中的装饰，增加设计的感染力。

合和

静宁开传
思神悟承

设计灵感

在本设计中,我选择的是农耕文明的老物件作为灵感来源和改造再设计的基础,传统农村老物件,包含农业生产工具,和家庭用具,比如老的石磨、耕种工具、钟表,老式手提灯老马灯等,这里我选择磨盘与提盒作为客厅家具的元素,因为在造型和形态上,两者具备改造的空间,在功能和结构上也有很好的利用点。

- 从磨盘老物件中吸取灵感,抽象化磨盘的形态韵味加以几何化,提取出磨盘可以旋转的特性转变为多功能。
- 从提盒老物件中吸取灵感,吸取盒上下分层自由移动与可以手提的造型功能特点。

设计理念

本设计是老物件与现代家居产品结合的居室家居设计,本设计作品满足日常生活实用的功能性,又兼顾与老物件相关的造型,结构,韵味。不论是作品的材质和色彩都符合家居使用的基本要求,从设计方法的角度一个是将老物件设计引导创新改造的角度,一个是将现代产品陈设往老物件的形态韵味靠拢的角度。不论是哪种方法都必须满足新旧相融,既要体现传统韵味也不能过于满溢。整套系列作品将中国传统老物件韵味与现代家具形式无边界化结合,整体作品充满神意,形式上自然合一,韵味上悠然和谐,故取名合和。

单体展示

  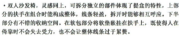

- 该沙发椅灵感来自磨盘元素,根据磨盘的旋转特性,在沙发椅的基础上加上旋转的功能,使它能够在正常使用的基础上满足一些额外的功能性。
- 边几,灵感同样来自石碾盘与提盒相结合,整体呈现一个倒梯形,上方提手造型暗藏旋转照明灯,中间台面部分呈圆形可旋转的面板上镂出圆形的洞,方便取物,白色部分与整套家具其他部分一样做麻布饰面。
- 茶几,灵感同上,三层茶几收纳空间充足,实用性更强,整体采用多边形造型,每层茶几都有圆角镂空的造型,可使整体造型看上去不过于厚重,并且上中两层能在导轨上滑动,使它在空间上的表现更加丰富。
- 双人沙发椅,灵感同上,可拆分独立的部件体现了提盒的特性,上部分的扶手在组合时能构成整体,线条轻盈,拆开时能够相互呼应。下半部分有不错的收纳空间,在软包部分将软垫粘挂在扶手上,既使有人在倚靠时不会失去受力,也不会让整体线条过于累赘。
- 多人沙发处理时没有给它过多的处理,以免造成整套空间过于复杂累赘,只是赋予它在整体空间中处处都会体现的元素,使它不会成为体积破坏了整个空间的和谐感反而会使空间更加稳重,这种空间上的大尺度少设计的牺牲是为了空间上的更加统一符合设计上少就是多的原则。

材料说明

材料上使用水曲柳因为水曲柳实木非常坚硬柔韧,纹理自然清新,并且,水曲柳具有极强的总体韧性性能,在搬运晃动的过程中能够保持整体的结构和造型不发生较大变化,并且水曲柳表面较好的表面处理的能力,水曲柳经过表面处理后色泽明亮优美,并且,在本设计中,结合木材使用的麻布软包用于木材断面可以增加整体材质的丰富程度,更好的展现家具的温暖质朴的感觉。

色调空间

整套家具从功能性的角度看整个空间家居收纳性强,无论是可旋转的座椅还是可拆分的座椅形式,亦或是抽拉变化的茶几都给整个空间带来不一样使用感受和视觉感受。从空间表现力的角度看整套家具线条流畅统一,色调温暖自然,整体给人一种来自大自然的郁容花香一般,品相宁静自然,相信在繁忙的都市节奏中能给每个身心疲惫的人一个温暖的怀抱。

实物打样

实木部分制作过程:选材—原木切方-方才定型-干燥-处理-开料画线-打磨-开槽-打磨-上底漆-刷子粉-打磨-上清漆-安装-成品

第二部 产品设计篇

题名: 合和
学校: 福建农林大学
设计: 李春成
指导老师: 李 静

评语: 设计方向明确,方法合理,作品形象完整且有较好的美感,体现了对优秀传统设计风格的继承和发扬,有一定的应用和商业价值;排版布局自然、合理;整体风格不够突出,版面视觉冲击力不足。

题名：半生缘

学校：福建农林大学

设计：邵婧杨

指导老师：叶翠仙

评语：设计方向明确，方法合理，作品形象完整且有较好的美感，体现了对优秀传统设计风格的继承和发扬，有一定的应用和商业价值；排版布局自然、合理，版面视觉冲击力较强，整体风格表达充分。

【设计理念 • 创作的来源】

茶— 　禅— 　景—

作品构思方案图

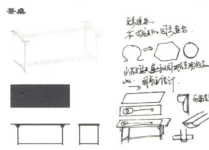

【苏式家具与茶文化的相脉相承】

本案的设计加入了有中国传统文化意境和历史元素的设计灵感，将其融入到现代快节奏的生活方式上，使忙碌的生活多一份盎然的生活品质。茶室空间形态的表现主要是基于人们生活的需求，并且在生活中不断发展。通过了解茶文化再应用深入到茶室家具设计上来。茶室家具是对生活的态度的设计，他并不是局限于家具形态的本身，而是在于其茶文化的意境的展示形式，通过对于茶室家具的设计，来打造出一种休息放松，交谈，益友的生活态度。所以在具体的设计方面，整体造型需简单大方，通过整体家具的魅力氛围给人们创造出一个有意境的空间，满足其空间真正想要达到的效果。

　**木静物格**　

第二部　产品设计篇

题名：禅思明月

学校：福建农林大学

设计：肖　璇

指导老师：陈祖建

评语：设计方案基本完整，加入传统文化元素，融入到茶室空间形态从而打造有意境的休闲空间。整个方案选题立意新颖，从实际出发，对设计元素的解构与拼接都运用得恰到好处，且方案内容表述规范。不足之处在于设计方案细节方面不够深入。

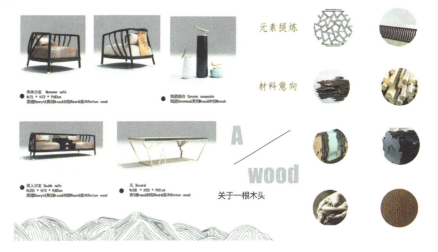

题名：木之意

学校：福建农林大学

设计：王拓雨

指导老师：蒋绿荷

评语：设计理念清晰，作品形象完整且有较好的美感，较好地表达了所想表达的内容，有一定的应用和商业价值；排版布局灵活但逻辑性较好，整体风格表达充分但使用场景过于凸显，版面中的一些装饰图案有些多余。

题名：乐在途中
学校：福建农林大学
设计：许雪薇
指导老师：林皎皎

评语：作品以适应儿童玩物进行设计，传统的理念、现代的作法，简洁明快。在安全性方面是否再考虑。

设计背景：

市场上的器物形式多样，居家器物，固然只是物耳，但其中可以倾注人的情感，使用所之人感受到细微的体贴与关怀。遂也备加珍爱等等，以回馈匠作的用意，其心中还遗存一份敬意，刚出门与人相与，无论百工贩夫，都真心相待、恭敬有礼。大家都没有了乘戾之气、冷漠之心。日子自然也就可以过得娴睛恬然。故器品虽小，其用大也！本案基于对器物美、用、精的追求。慢慢在生活器物中对文化渗透的加深。

设计理念：

本案是以借古曾原的方式设计的一套陶瓷产品设计，设计的初衷源于古老的人文情怀。设计灵感来源于古代新石器时期的小口尖底陶瓶以及中华古老文化的直观感受，通过提取形态中的线条元素，将其运用在茶具及器皿的形态及装饰图案当中。在材料上采用金属与陶瓷相结合的方式，结合现代人的审美和生活品位设计出一套复古而不失风韵的茶具。

材料选择：

此茶具所选粗陶材质，粗陶材质古色古香。纯朴自然。釉料的选择上也顺应其质感，选用金属釉料。有金属的厚重质感，整体浓实又不失小巧。复古又不是精致的器物。釉料在烧制的过程中要有温度的控制，本案所采用的釉为铜锈的颜色。

设计灵感：

茶器设计的初衷来源于古代新石器时期的小口尖底陶瓶，这是我们人类文明的源起时期。尖底陶瓶的形态小巧灵活，肚大底尖是它的明显特征，新石器时期的陶瓷古朴富有质感，由此想到利用古朴的陶瓶形态，展现陶瓷文化的本身，铭记人类历史文明的起源。

元素提取：

方案分析：

提梁壶

这是一个提梁壶的方案，其形态主要是以小口尖底瓶的半身，主要特点肚大尖底，运用这一特点在茶壶上，可以很好的保留住茶香。提梁壶的把手用金属的材质，对壶身不同的质感有不同的触觉感受，为避免金属的导热性，在把手上缠绕了麻绳，遗漏出朴实复古的气息，并将人类文明的发源象征带入陶瓷文化，到茶文化中去。

公道杯

公道杯的造型是从茶壶上进一步演化来的，其除了满足使用功能的基础上，在杯子底部石线型的纹理，在视觉中流露现代的气息。铜锈的釉面貌似承载着历史的气息。将现代的陶艺语言带入历史的沉淀中来，碰撞出不一样的火花。

壶承

壶承是用来承载茶壶的，避免茶桌被茶水的污染，也是为了整洁。本案的壶承有了托住提梁壶，整个面较宽，四周有突起的部分可以防止流出的茶水溢出，污染到桌面，使得保持整个台面干净。整洁这也是茶道中所讲究的，更加可以突出提梁壶的整体。

茶杯

这个茶杯的造型主要是传统的圆弹杯的形态。上以金属釉色，视觉与触觉的碰撞。底部与提梁壶和公道杯相统一，都以小脚鼎立，在饮茶的时候，圆润的杯体，手感柔和。

茶盘

茶盘主要烘托整个茶局的气氛，宁静、行如流水。本案中将茶盘四周向下留空，用来装白沙，仿枯山水意境，中间部分用石质材料做中间的承载部分，就像岛屿的一般。整个茶器立于中心，似以山峰，高低起伏，外部有白沙做以枯水。中实外虚。整个茶器的意境像是一幅山水画。

尺寸分析：

工艺制作过程：

拉坯、干燥、修坯、塑形、打孔、上釉、烧制、成型

题名： 源 韵

学校： 福建农林大学

设计： 庄 珊

指导老师： 李 静

评语： 此作品借古鉴今，造型优美圆润，釉质选择古朴厚重，碰撞出独特的和谐效果。材质纹理上的特别之处再提升一下会更好。

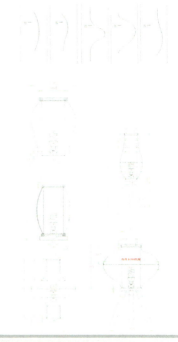

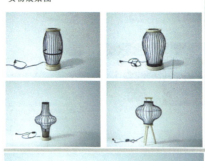

题名：基于材质对比的木质灯具设计
学校：中南林业科技大学
设计：管汝浩
指导老师：何 杨

评语：设计理念清晰，作品形象完整且有较好的美感，较好地表达了所想表达的内容，有一定的应用和商业价值；排版布局规整但逻辑性不足，字体与整体风格吻合度不够，使用场景较为单调，整体版面的吸引力不足。

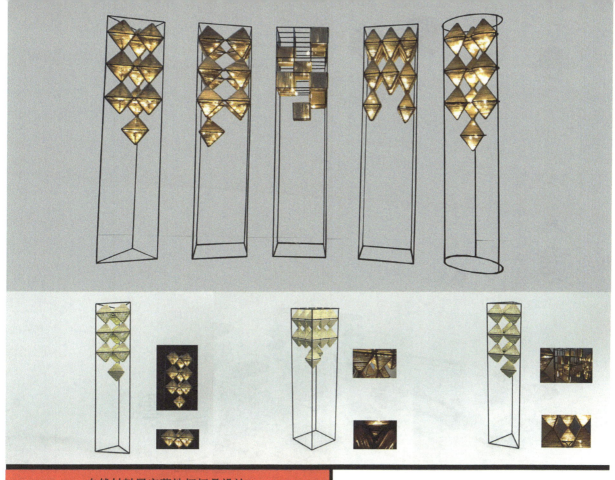

自然材料居室落地灯灯具设计

设计理念

灯具造型选用了粽子作为源点。生在西北的我对粽子有一种情绪在其中，西北小麦食物主要以面食为主，从小不知米的生长加工过程。粽子在我儿时的记忆里扮演过不可或缺的角色，每每想到蜂蜜搭配的甜粽我的思绪就会饲到几时。奶奶带我逛店会五毛钱两个的蜂蜜粽子，是我小时候最喜欢的食物。其中也有对过世奶奶的回忆。灯具整体造型是以几何形体为主，运用解构手法在其中将粽子的造型改变，以菱形为主，外围用麻绳编织，模仿粽叶包米的手法将灯光围在其中，也是对自己记忆的永固。

设计说明

"自然材质"是我本次落地灯具设计的主要方向，单一的落地灯具在如今生活水平日益提高的今天远远满足不了大家的希寄，落地灯在现如今的市场上已经是百花齐放，但过于雷同的造型与功能让它变得极具局限性。自然材质在生活中也是无处不在，在选取自然材质作为灯具设计之初，众多的材质中我选择了麻绳粗麻与铁的组合。在其两者自身的材质中寻求和谐。铁作为工业产品的产物，搭配自然材质中的麻绳，是在人工与自然中寻找其共通。

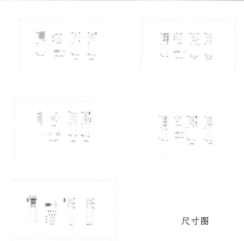

尺寸图

题名：自然材料居室落地灯具

学校：中南林业科技大学

设计：黄 磊

指导老师：万翠蓉

评语：此作品借古鉴今，造型优美圆润，釉质选择古朴厚重，碰撞出独特的和谐效果。材质纹理上的特别之处再提升一下会更好。

里耶历史悠久，文化底蕴深厚，早在旧石器时代就有人类活动，里耶是湖南境内唯一一处既传承了秦汉文化，又融合了巴蜀文化、土家文化的古镇，更是在其时代就出现了九九乘法表。其价值可与殷墟甲骨文和敦煌文书等媲美，被专家誉为"北有西安兵马俑，南有里耶秦简牍。"

以秦简里耶博物馆及其代表性的简牍、九九乘法表、秦汉器皿之装饰特色为主要设计元素，通过改变材料、外形等方式，结合现代设计趋势中简洁的餐具特点等设计理念和针对不同的使用者需求来完成设计实践，成人餐具尺寸及色彩上的区分，将里耶传统文化赋予其新的生命，将"传统"完美运用在现代设计之中。

产品皆为本人纯手工打造，其造型工艺包括拉坯成型、泥板成型、雕刻等多种手法，由于为手作产品，故保留了手作之独特的表现特点，餐具间都留有着指尖的温度。青釉与绿釉为长沙铜官窑特色釉色，更好的传承了湖湘传统文化，更是与湘西自治州秦简里耶博物馆文化创意的完美结合。开片的裂釉经过高温窑炉烧制形成独特的冰裂纹效果，在视觉效果上更添色彩。

长文化内涵，是将传统非
设计表现。

第二部 产品设计篇

题名：叁人食

学校：中南林业科技大学

设计：刘 萍

指导老师：张玉山

评语：该方案结合现代设计趋势中简洁的特点，将传统运用到现代餐具设计之中，色彩搭配协调，统一。设计基本符合要求，不足之处在于整个版面稍显简单。

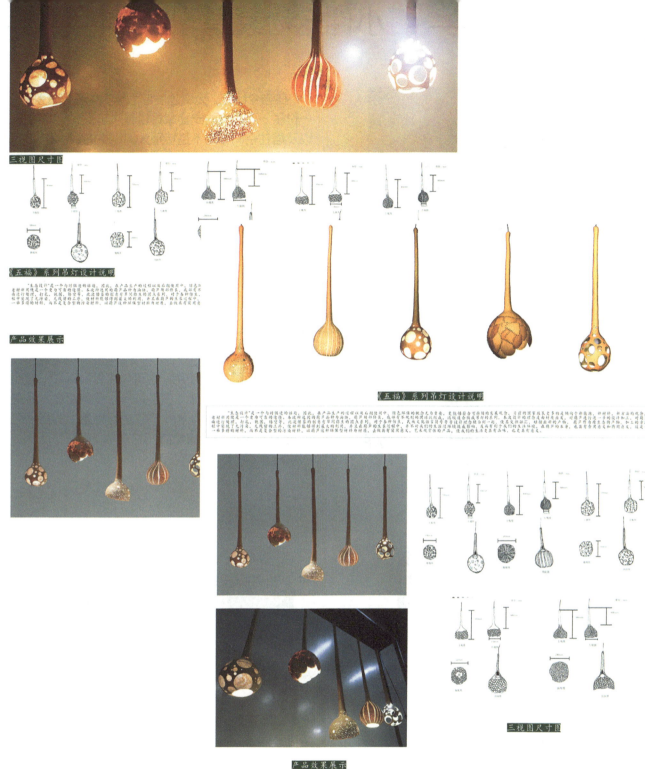

题名：五　福

学校：中南林业科技大学

设计：苗　启

指导老师：刘文海

评语：设计思路清晰，造型独特，视觉效果强，艺术表现力较好。但画面排版布局过于简单，内容不够丰富。场景使用过于简单，版面的创新设计感不强。

小件宠物家具

- 在当今社会，宠物越发成为家庭中不可分割的一份子，而小件的宠物家具也越来越受到年轻饲主以及居住空间相对不是特别大的饲主的青睐。

凳体与凳腿之间采用螺钉五金架连接，方便拆卸即使是一个人也可以很好的使用它，结构简单，操作起来也安全快捷。

- 凳子可以单个使用，也可以将凳腿拆卸，重新组合，作为猫咪的爬架，多种选择，多种组合。最主要的一点是，饲主可以和小宠物进行情感上的互相沟通，建立起更加深厚的感情。

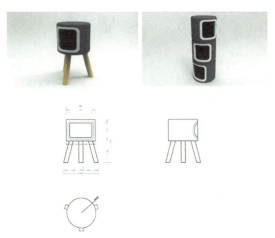

题名：小件宠物家具设计

学校：中南林业科技大学

设计：沈 妍

指导老师：常 霖

评语：该设计方案为宠物家具设计，设计考虑到生活上的一些问题并对其设计解决方案，设计基本符合要求。不足之处在于整个设计过于单调，设计排版缺乏创新。

宋代风格会客空间家具设计

Design of Guest Space Furniture in Song Dynasty Style

疏影通透的木栅栏

古朴精妙

通过欣赏宋代山水画勾勒出的淡淡笔墨，提取出山峰重峦叠翠、连绵起伏的自然形态作为设计元素，具有抒情意味。

构图严谨山水画连绵起伏、崇高雄厚的自然形态，更富有人文内涵，该设计理念就是把家具宋式山水画完美结合的结果，再次演绎出新中式家具的独特魅力，具有强烈的艺术感染力。

高山流水

细水长流

设计说明：

参考宋代山水画，模仿山水画的形态，设计会客空间套装家具设计再现自然之美。可以运用提取山水画的统一元素，再运用家具的语言将其山水画的形态表达出来，在会客空间套装家具中体现山水画优美动人的意境，塑造诗一般的境界，托物言志，把家具寄予来自山水画的美好祝福。

宋式家具文化是中国传统文化元素之一，而如今这一传统元素在现代家具设计中占有很十分重要的地位，可见，从中国传统文化中汲取灵感是家具设计创新的重要源泉。在古代家具基础上进行进一步深入的创造，将我们中国的传统文化更好的传承下去，让宋代风格的家具变得更好。

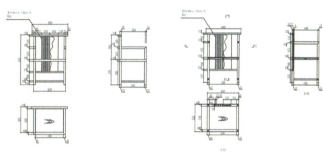

题名：宋代会客空间家具设计

学校：中南林业科技大学

设计：宋玉洁

指导老师：袁进东

评语：该方案为家具设计，参考山水画的形态，结合家具的特点，将山水画的意境充分表达，方案基本符合设计要求。不足之处在于整个设计亮点不够。

梧桐断角

设计说明

本方案为以座椅为主的咖啡厅家具设计，当我们在诸如咖啡厅这样的公共空间使用座椅时，常常会出现随身携带的物品无处放置的窘境，现在很多人喜欢养宠物，并喜欢带其"遛弯儿"，当主人要短暂停留时，宠物可能活蹦乱跳不受控制。针对此境，本设计在最寻常的椅子上做了些许改动，断开的扶手给人以残缺美，但却解决了两大难题，其断开部位采用树脂及其他材料结合，可拆卸，既增添了美感又使结构更加稳定。

橡木体现了浓浓的北欧风情，采用榫卯连接，零部件符合标准化，功能与造型紧密结合，色彩搭配合理，为普通的生活空间注入了新的气息。

橡木体现了浓浓的北欧风情，采用榫卯连接，零部件符合标准化，功能与造型紧密结合，色彩搭配合理，为普通的生活空间注入了新的气息。

▼ 组合家具效果图

椅子效果图 ▲

设计说明

本方案为以座椅为主的咖啡厅家具设计，当我们在诸如咖啡厅这样的公共空间使用座椅时，常常会出现随身携带的物品无处放置的窘境，现在很多人喜欢养宠物，并喜欢带其"遛弯儿"，当主人要短暂停留时，宠物可能活蹦乱跳不受控制。针对此境，本设计在最寻常的椅子上做了些许改动，断开的扶手给人以残缺美，但却解决了两大难题，其断开部位采用树脂及其他材料结合，可拆卸，既增添了美感又使结构更加稳定。

▶ 椅子三视图

题名： 梧桐断角

学校： 中南林业科技大学

设计： 魏盼峰

指导老师： 袁进东

评语： 设计方案基本完整，图纸表现较好，选题立意独特，以咖啡厅家具为设计对象，根据顾客遇到的日常问题提出解决方案，看似简单的在设计很大程度上解决了生活的不便。不足之处在于整个方案的排版略显简单。

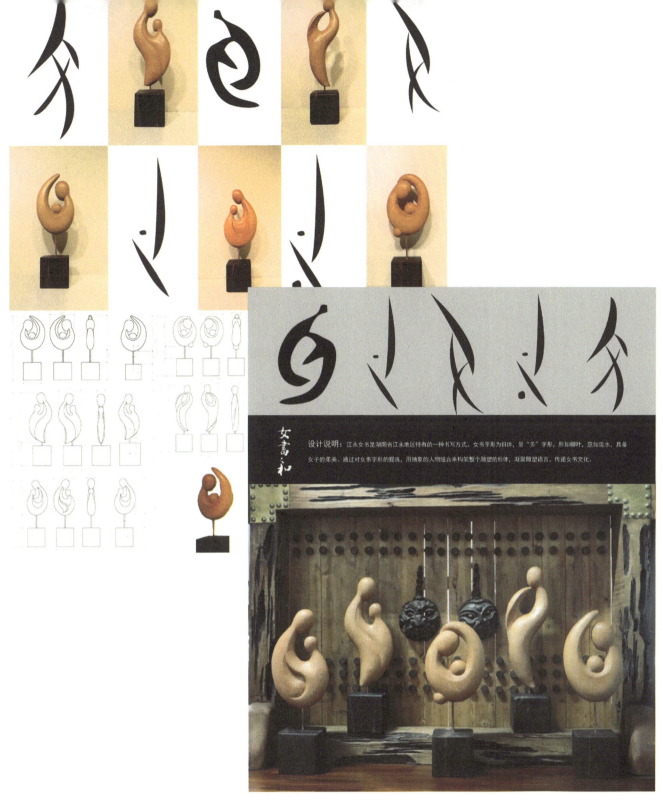

题名：女书·和
学校：中南林业科技大学
设计：温 宝
指导老师：陈 杰
评语：设计方案基本完整，通过对女书的形体、寓意等组合成各种雕塑，传达女书文化，具有一定的创新性。
不足之处在于整个设计略显单一，缺少详细的设计及转化过程，造型变化的不够充分。

题名：明式茶空间家具设计

学校：中南林业科技大学

设计：李　帆

指导老师：袁进东

评语：设计方向明确，方法合理，作品形象完整且有较好的美感，体现了对优秀传统设计风格的继承和发扬，有一定的应用和商业价值；排版布局自然但逻辑性不足，整体风格不够突出。

第二部 产品设计篇

灰·城

理念 CONCEPT　在喧嚣的城市里渴望着一片净土，却又感叹于城市的繁华。于是当繁复华丽的维多利遇上了极简冷静的北欧，这一切似乎找到了一个新的平衡点。简约而富有情怀的轻复古油然而生。

设计说明：

本系列选取淡雅内敛的灰蓝作为主色调，风格定位为时尚、优雅、轻复古，运用经典的泡泡袖、俏皮的抽褶、优雅的平褶与柔软的纱相结合，采用纯粹、简洁的线条元素，搭配简约流畅的轮廓线条，意在表现一种纯粹、简约的生活态度。在几何图形中线条是最基础的构成元素，而简单直接的线条元素的使用为整个系列增添几分现代城市的利落，同时表现出了一种简单而有质感的生活态度。

拍摄 PGOTOGRARHY　摄影后期／非　美指／雯子　妆发／小邹＆小兰@Mirage　模特／Corins@顶耀

题名：灰·城

学校：华南农业大学

设计：陈宝玲

评语：设计方案基本完整，以淡雅内敛的灰蓝作为主色调，搭配简约流畅的线条。整个服装以最基础的几何构成，整体效果协调，清新。不足之处在于设计元素提取过于简单，创新点不足。图纸的表现力不够，缺少设计细节上的呈现。

服装设计篇　第三部

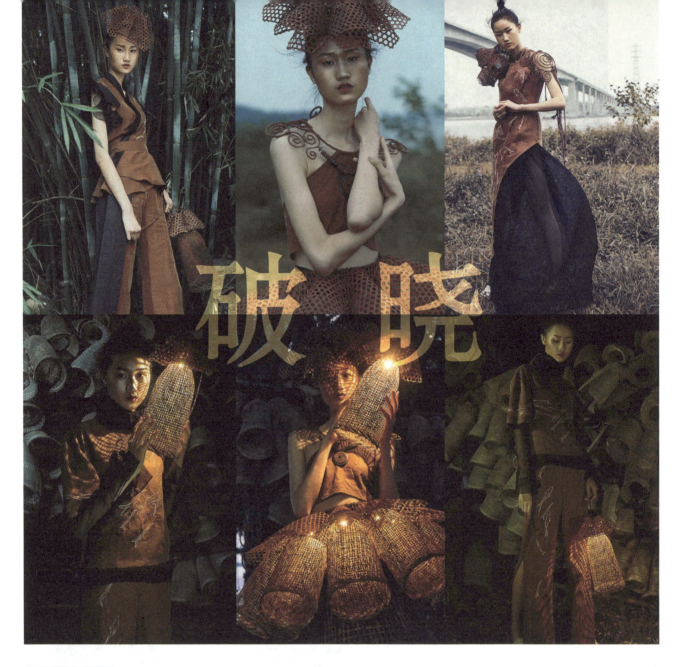

设计说明：

灵感来源于"渔民的生活"，他们很早出海打渔，并在天亮之前返回。前方的海面是那样漆黑，而他们挑起微弱的灯光，勇敢地奔波于风波里。汉语字典告诉我，"破晓"这个词形容的是太阳光的出现，但我觉得渔民们挑起的渔灯才是打破黑暗的第一道光，他们的出现就是"破晓"

题名：破 晓

学校：华南农业大学

设计：温粤杰

评语：设计在剪裁和配件上具有渔家生活的气息，配饰为设计增光添彩。设计上曲面较多，较难明确体现出主题所指的内涵。

设计说明：

灵感来自于戏曲人物服装，选取生和旦中的小生、老生、武生、青衣、武旦五个人物，根据这五个人物的不同性格特征和服装特征，与现代服装相结合，保留戏曲服装的古典气质，并融入本人的性格特征——感性，赋予戏曲人物服装新生命。

题名：伶 儿

学校：华南农业大学

设计：吴晓华

指导老师：

评语：设计准确地提取出了传统戏曲中的记忆点，并将这些元素与现代服装有机结合，冷暖色的对比、亮面与哑光面的对比、面积的对比构成了良好的设计节奏感，夺人眼球，使人印象深刻。

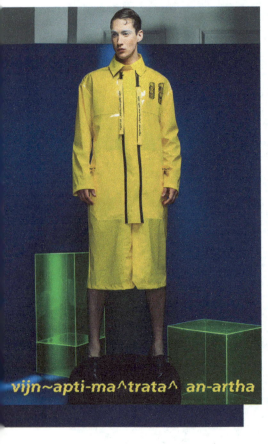

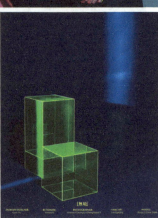

第三部 服装设计篇

题名：无 境

学校：华南农业大学

设计：何晓治

指导老师：彭 梅

评语：设计在色彩和造型上具备较强的科技感和现代感，大方的几何构成使服装在概念上传达出了无限可能性。

无畏往生

在这个世上，每个人都在追求自己想要的生活，有些人却在路上迷失了本心。这时，有人停下了，有人放弃了。开始时世界、对自己、对自己所追逐的有了怀疑。其实我们不妨将一切都归在了终点。而这个伴走有可能将是下一个起点。万物皆属一物，世间万情周而复始，轮回往复。我们只管尽人事，听天命。天命自然会将属于我们的答案放在我们的面前。一路上的惊悦、一路上的苦尽尽无何。不必太过于计较路上的得失，塞翁失马，焉知得失。

题名：无畏往生

学校：华南农业大学

设计：马瑞泽

指导老师：谭国亮

评语：设计具有很好的整体感，服装、场景、模特、配饰相得益彰，既展示了服装，又像是说了一个故事，颇有仙风道骨之感。

第三部 服装设计篇

设计灵感来源汲取竹子四季常青象征着顽强的生命、青春永驻；也有高风亮节的美好象征，运用竹子为服装图案元素进行数码印花，也从竹子中提取出清雅的颜色，百鸟齐鸣的吉祥寓意，提取少量明亮的颜色作为点缀，体现一派生机的感觉。

题名： 竹报平安

学校： 华南农业大学

设计： 陈焕标

指导老师： 金憓

评语：服装款式本身是当年流行的"睡衣风"，而青竹则具备谦虚谨慎、清幽、有节的风骨，同时有飞鸟点缀其间，这种远离尘嚣的意趣与服装的剪裁相契合。

大自然本来的面貌，层层叠叠的蓝，毫不客气展现它的美。但是大自然的颜色并非永不褪色，希望能塑造一个"雨人"的形象提醒大家，大自然的蓝那么美，不应让它一层层被黑化。

题名： rain man 雨人
学校： 华南农业大学
设计： 陈惠如
指导老师： 李小燕

评语：服装在材料搭配、装饰上颇为大胆。白蓝黑的色彩对比，以及袖子的网格结构，能够体现设计者希望通过"雨人"系列服装唤醒人们对水环境保护的意图。

第三部 服装设计篇

盏鬼

该设计以盏鬼为设计主题。盏鬼有广东俚语，指一般有趣的意思。该设计想取用角度时的新潮时尚感，意思内里是一些有趣的彩索在整图系列服装中，将对服装进行灵巧的创新。

题名： 盏 鬼
学校： 华南农业大学
设计： 卢俊辉
指导老师： 金 憶

评语： "盏鬼"二字是广东俚语，而对于不懂广东方言的人，乍看见这一设计主题，结合作品本身的光面材质与诡谲的灯光效果，便不由得让人联想到鬼魅。而在了解到其内涵后再看设计作品，则又能体味到设计中的乐趣。

第三部 服装设计篇

题名：面 惧
学校：华南农业大学
设计：王李森
指导老师：金 憓

评语：服装本身呈现的效果实质上并未达到"面惧"这一主题的意图。由男模展示的白色百褶下摆、红色拉链的点缀是此套设计的亮点，整体效果倒有几分学生制服的意思。

题名：镜花水月

学校：华南农业大学

设计：梁小珊

指导老师：谭国亮

评语：服装既采用时尚的高腰绑带，又结合了中国古典的广袖、褙子等元素，剪裁简约大气，暗合写意的主题。如在立意上有所提升，加入一些更独特的设计元素，或能提升服装的记忆点。

题名：厝
学校：华南农业大学
设计：陈映冰
指导老师：赵英姿

评语：衣服整体以灰色调为主，上衣采用披风形式，加入了中国特有的"龙"元素，下装也出现了相对应的刺绣元素，将西方艺术与中国文化相结合，打破了大片灰色带来的沉闷，使人眼前一亮。若在色彩搭配方面融入中国红元素是否会更好些。

解构红白蓝袋与西装，把胶袋的颜色，质感，拉链，把手拆解与解构的西装重组，西装保留一些结构性，口袋巾，西装领子等元素。西装引申代表上流阶层，编织袋则引申为我们每一个人从一无所有开始拼搏的的状态。两种差异性的阶层对比，通过服装手法去表达社会现在物质至上扭曲的价值观，人们困在自己无限的欲望中

题名：困欲 greediest
学校：华南农业大学
设计：傅警营
指导老师：彭 梅

评语：该设计将极具"中国特色"的蛇皮袋元素融入西装设计中，将"底层"元素融入"高级"时装中，颠覆了传统的思维模式，体现了"实用奢华"，群众反过来影响时装，体现出设计来源于生活。若减少白条纹的过多应用，突出红蓝是否会更好些。

TIBET ARCHITECTURE

题名：从心·声素
学校：华南农业大学
设计：魏　娜
指导老师：谢雪君

评语：该设计简单大方，采取不对称剪裁，摆脱了棉服带来的臃肿感，在整体黑白色调中加入部分红白毛格纹进行点缀，为严寒萧瑟的冬日增添了些许活力。

题名：蓝图藤

学校：华南农业大学

设计：曾能展

指导老师：金 憶

评语：此系列服装造型大胆，色调鲜明，面料材质搭配富有变化，配以剪裁使整体具有节奏韵律感，细节处理精彩，配饰画龙点睛，形式富有变化但风格统一和谐，设计与主题相符，望再接再厉。

题名：素 衣
学校：华南农业大学
设计：车 敏
指导老师：陈金怡
评语：设计风格简洁柔和，细节处理具有层次变化，材质点缀和谐统一，在面料及其他材质选择和使用上是否应多考虑穿着舒适性。

自在

《华严经》

一切众生，皆具如来智慧德相，但因妄想执着，不能证得。

设计说明：

东方禅意之自在，吸取书法线条中的元素，运用自然的棉麻线条缠绕、堆积、自上而下、从左到右。使线条进入从直曲到平的自在波动，结合无省到衣身，体现自然而宽博的状态，手工制作肌理过程中，静态安然。自在、是回归、回来做人做自己，也是我大学四年所追求的生活态度。

第三部 服装设计篇

题名：自 在
学校：华南农业大学
设计：何淑颖
指导老师：谭国亮

评语：服装大量采用棉麻、纱，在服装整体上制造强烈的做旧的肌理感，而裁剪本身又含有欧式风情，虽未有明确的东方元素，但将东方文化的精神纳入设计，颇有意蕴。

题名：易·简

学校：华南农业大学

设计：黄佳固

指导老师：金 憓

评语：设计简洁，外套带有运动感，而内搭的白纱使设计整体刚柔并济，形成冲突感。希望能看到此主题下其他可能的设计作品。

题名：立　正

学校：华南农业大学

设计：谭冠杰

指导老师：陈金怡

评语：服装的军旅意味显而易见，配件和特殊材质的加入让人自然联系到野战部队或特种兵，感受到设计者不断挑战的决心。建议对个别部件的体量和整体材质的节奏感上再做些调整。

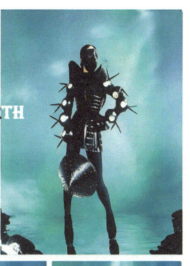

题名：寒武重生
学校：华南农业大学
设计：徐　冉
指导老师：赵英姿

评语：设计的概念性极强。寒武本身是英国威尔士的一个古代地名的罗马名称，寒武纪是显生宙的开始，在这时期中，地球上首次出现了带硬壳的动物。该系列服装的概念便来自于此。诡异而富有冲击性，令人难忘。

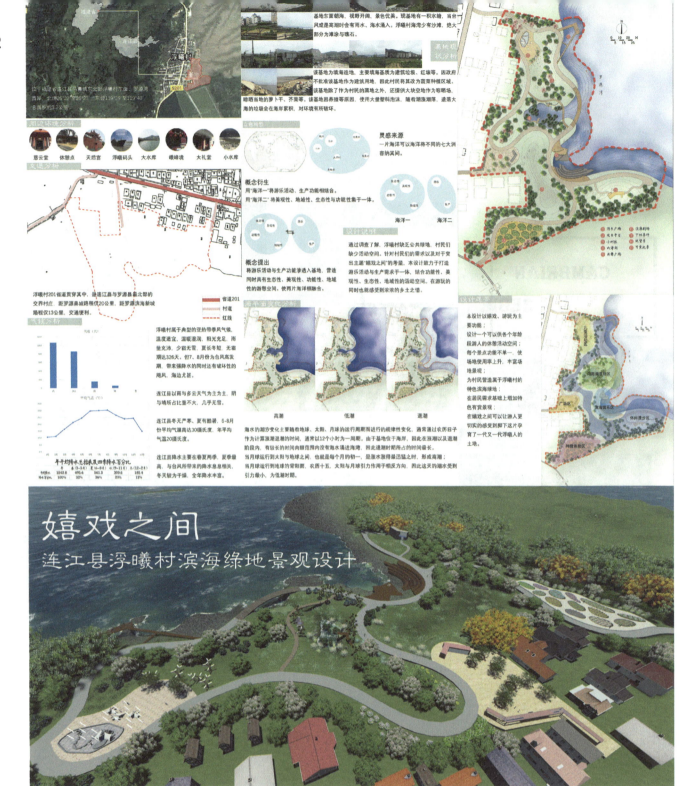

题名：嬉戏之间·连江县浮曦村滨海绿地景观设计
学校：福建农林大学
设计：陈 敏
指导老师：阙晨曦

评语：此设计方案充分考虑基地原有环境因素，紧扣福建滨海地区的自然特点，进行植物配置和小品设计，多方面使用海蛎壳进行构造和铺面，充分体现设计的在地性。

题名：社区创新实验室·福州市仓山区公园路片区公共空间改造设计
学校：福建农林大学
设计：谢晨彬
指导老师：阙晨曦

评语：设计方案基本完整，图纸表现较好，选题立意独特，以社区创新实验室为设计对象，依据场地的符号及传统文化活动，进行实验室设计。设计方案条理清晰，对于图纸的美感及内容达到的质量较高。不足之处在于方案的平面布局合理性欠缺考虑。

题名：生命张力·厦门市翔安新城乌石盘公园景观设计

学校：福建农林大学

设计：方昭雅

指导老师：谢祥财

评语：该方案场地设计美观大方，流畅的曲线充分体现了主题"生命和张力"，在平面和立面上的设计节奏明快，低影响开发的思路符合生态设计理念。

题名：溯迎白虹·杭州市钱江新城潮溯公园设计

学校：福建农林大学

设计：林 娜

指导老师：何 菊

评语：该方案表现基本完整，设计思路清晰，结构合理。内容符合场地的要求，较好地表达了设计理念。在排版上有些凌乱，色调过于灰暗。

题名：奔路·三亚鹿回头广场设计

学校：福建农林大学

设计：吴 聪

指导老师：朱里莹

评语：该设计方案思路清晰、主题鲜明，其路网设计、节点景观设计都源于"奔鹿"，具备深厚的地方文化意涵，利用常年异色叶和观花植物丰富海南这一热带地区的植物景观。其艺术景观轴的设计是一大亮点。

题名：harmonious city of tomorrow
学校：福建农林大学
设计：郭　馨
指导老师：李房英
评语：该方案选址在韩国首尔。这里土地资源极为宝贵，方案充分考虑首尔城区的用地需要，以屋顶绿化为主，在平面上表现出斑块化的特点，从而提升首尔市的环境生态水平。

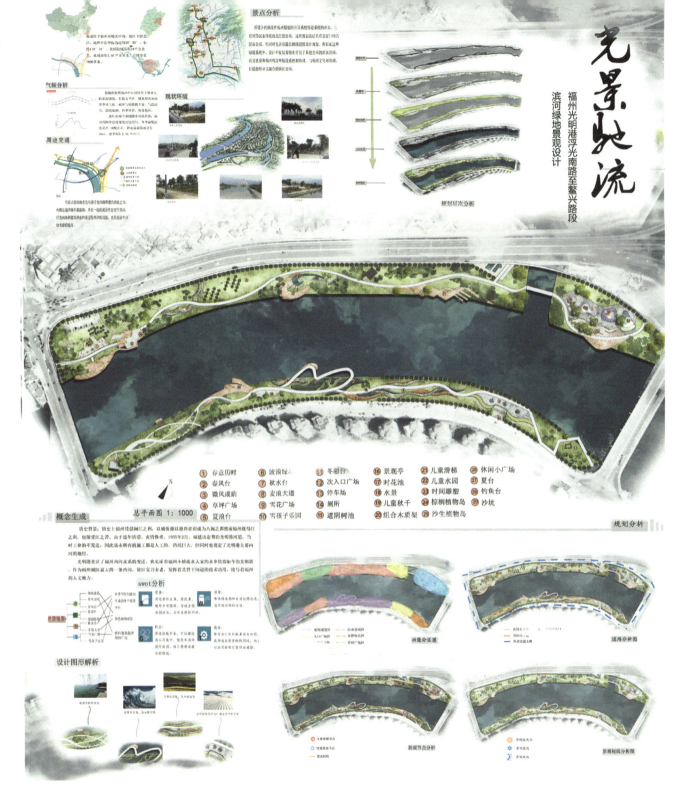

题名：光景驰流·福州光明港浮光南路至鳌兴路段滨河景观设计

学校：福建农林大学

设计：樊宵雷

指导老师：李霄鹤　何菊

评语：设计的流线感、植物配置等均符合滨河景观设计的需要，春水台、麦浪大道等景观分区体现了时间的流动性，功能布置在一定程度上能够满足附近人员的使用需要。建议在设计的亲水性上再做些推敲。

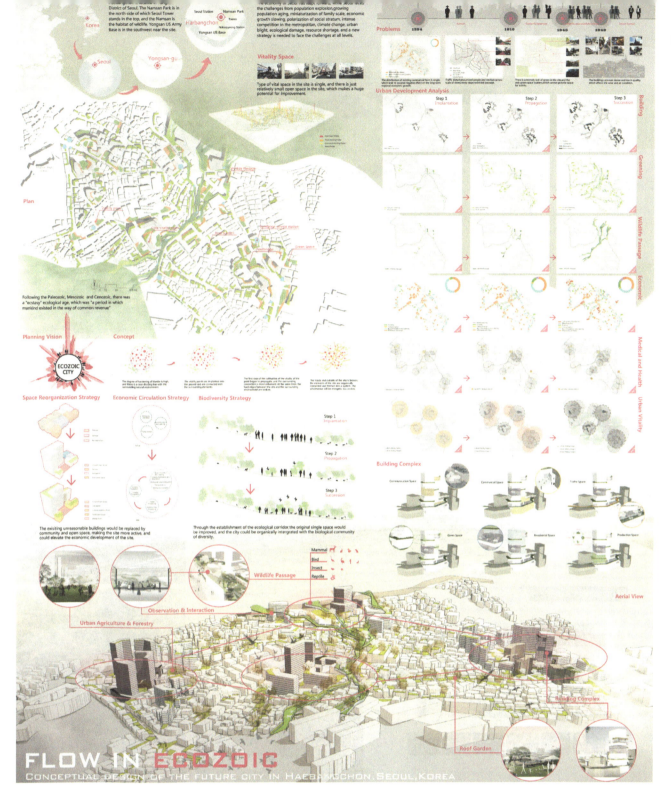

题名：flow in ecozoic 韩国首尔解放村未来城市概念设计

学校：福建农林大学

设计：郑艺琦

指导老师：闫 晨 李房英

评语：其方案基地在韩国首尔，设计见缝插绿，将绿地向高处延伸，既符合首尔城市的发展需要，又提供了环境持续发展的可能性。设计概念性较强，如能与首尔人文特色做更密切的结合，方案会更完整。

题名：流水绕袖·光明港浮光南路至鳌兴路段滨河景观设计

学校：福建农林大学

设计：谢雨纡

指导老师：李霄鹤

评语：该设计为滨河绿地设计，植物选材丰富，色叶与常绿植物搭配得宜。种植设计上侧重空间围合，竖向变化高低错落层次分明。希望能增加对亲水性及与河道互动性的考虑。

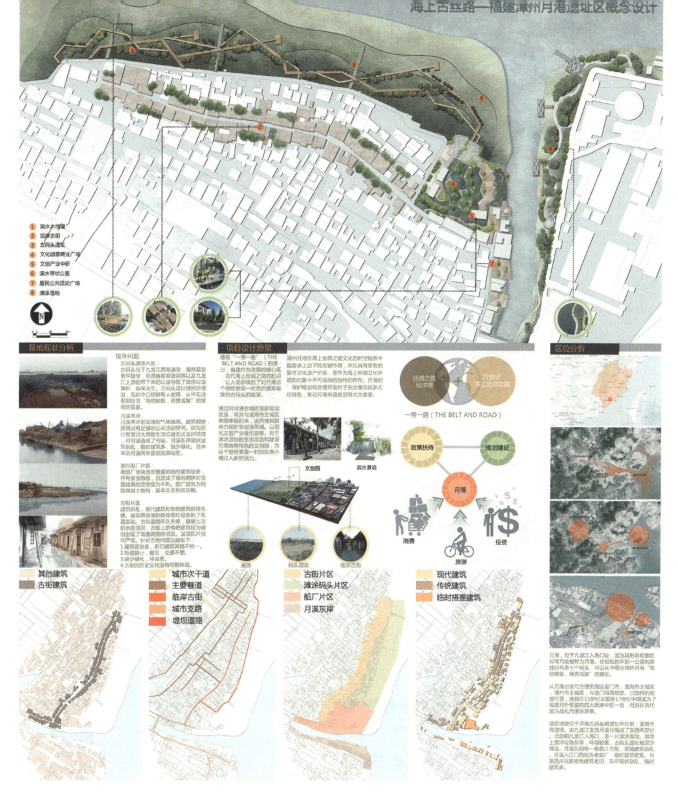

题名：海上古丝路·福建漳州月港遗址区概念设计
学校：福建农林大学
设计：庄奕祺
指导老师：闫晨
评语：该设计针对场地现存的四大问题，提出相应的解决改造方案，同时能够结合我国规划设计的指导方针提出设计愿景。方案设计内容丰富，条理性强，但是不够深入。如果能够针对某一突出问题提出全面而详细的改造方案将更完整。

逸林幽谷·紫岭鸣嘤

题名：逸林幽谷·紫岭鸣嘤

学校：福建农林大学

设计：黄种劲

指导老师：阙晨曦

评语：该设计将场地"共融、流动、新生"的主题充分体现在景观设计中，同时能够将文化与景观节点设计相结合，体现场地精神。在自然与城市景观的过渡方面还可以再做些推敲。

题名：水漫庭·海口市滨江休闲商业区景观设计

学校：福建农林大学

设计：陈庆鸿

指导老师：薛秋华

评语：该设计将该地区的水元素、山林元素进行提炼，与景观交通和立面设计相结合。将渔业、工业的元素运用于小品和建筑设计中，很好地体现了当地的文化特色。如果能将植物配置设计结合，方案会更完整。

题名：新生·江西省景德镇市某坝址区景观规划设计

学校：福建农林大学

设计：兰珠珍

指导老师：陈凌艳

评语：设计分析全面，思路完整，功能符合要求，能较好地满足场地的需求。设计空间感强，植物配置合理，丰富。图纸颜色搭配协调，具有较强的视觉冲击力。

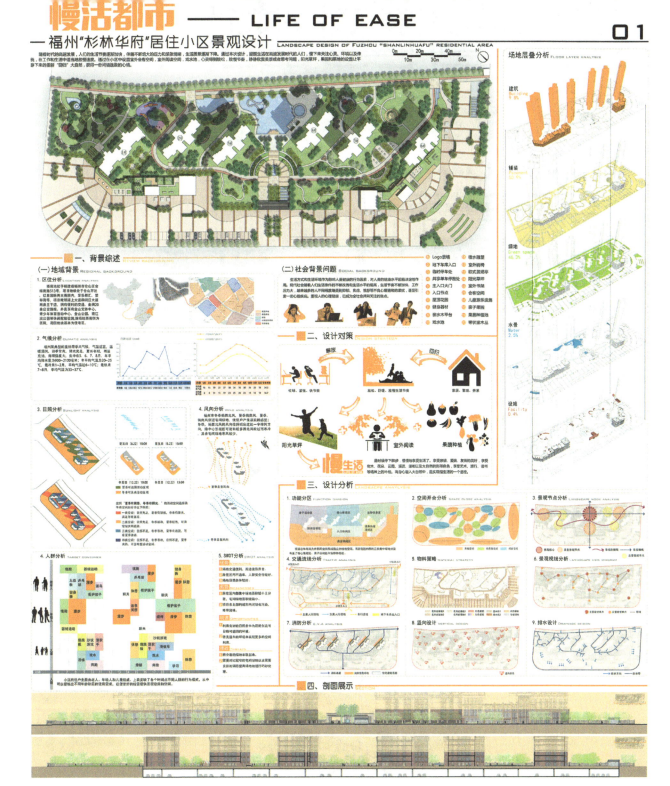

题名：慢活都市·福州杉林华府居住小区景观设计

学校：福建农林大学

设计：林希婕

指导老师：李房英

评语：该景观设计分析全面，功能完善，基础设施齐全，能较好地满足小区的居住环境要求。同时空间营造合理，植物配置层次丰富，景观形式多样。不足之处是硬质铺装面积有点多，如能增加生态方面的考虑效果更加。

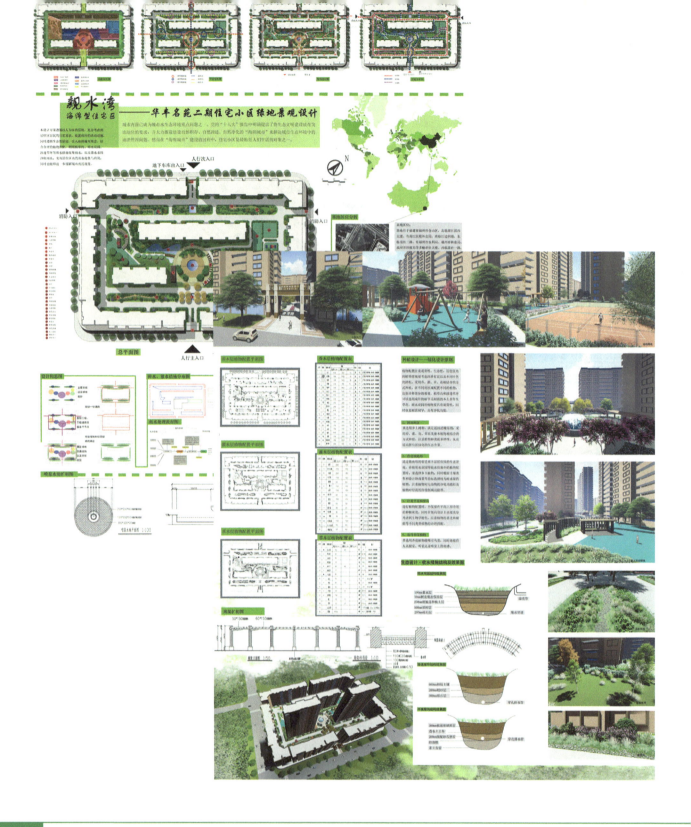

第四部 风景园林设计篇

题名：华丰名苑二期住宅小区绿地景观设计

学校：福建农林大学

设计：欧阳婧雯

指导老师：薛秋华

评语： 方案对该地区的情况分析很详细，准确提出了该地区存在的问题，并给出合理的设计方案，整个设计比较完整，并很好地引入海绵型住宅区的理念，具有一定的创新性。但是对于功能及场地划分，还可适当增加介绍。

题名：城市慢生活·福州江滨公园景观规划设计
学校：福建农林大学
设计：吴 瑜
指导老师：陈凌艳
评语：设计以福州江滨公园为设计对象，对场地周围的自然、人文、经济等要素进行了综合分析。根据其位置特殊性进行布局，在其设计结构关系上，表述、条理都比较清晰明确，只是画面整体性不够，仍需加强。

题名：宝鸡市蟠龙湖湿地公园景观设计

学校：西北农林科技大学

设计：陈 群

指导老师：丁砚强

评语：设计选题立意新颖，该设计针对场地现存问题提出相应的解决改造方案，能够结合古代传统元素提出设计意图。设计分析逻辑完整，方案设计内容丰富有条理，不足之处在于设计不够深入，排版上欠缺美感。

题名：宝鸡蟠龙垣南湿地公园景观设计
学校：西北农林科技大学
设计：冯 曼
评语：该设计对于场地的现状调研细致明确，分析得出的问题与资源也很全面。方案整体条理清晰，功能完善合理，创意新颖。立足于现状，从实际出发进行设计。但是欠缺一些对于环境和人之间的关系的设计。

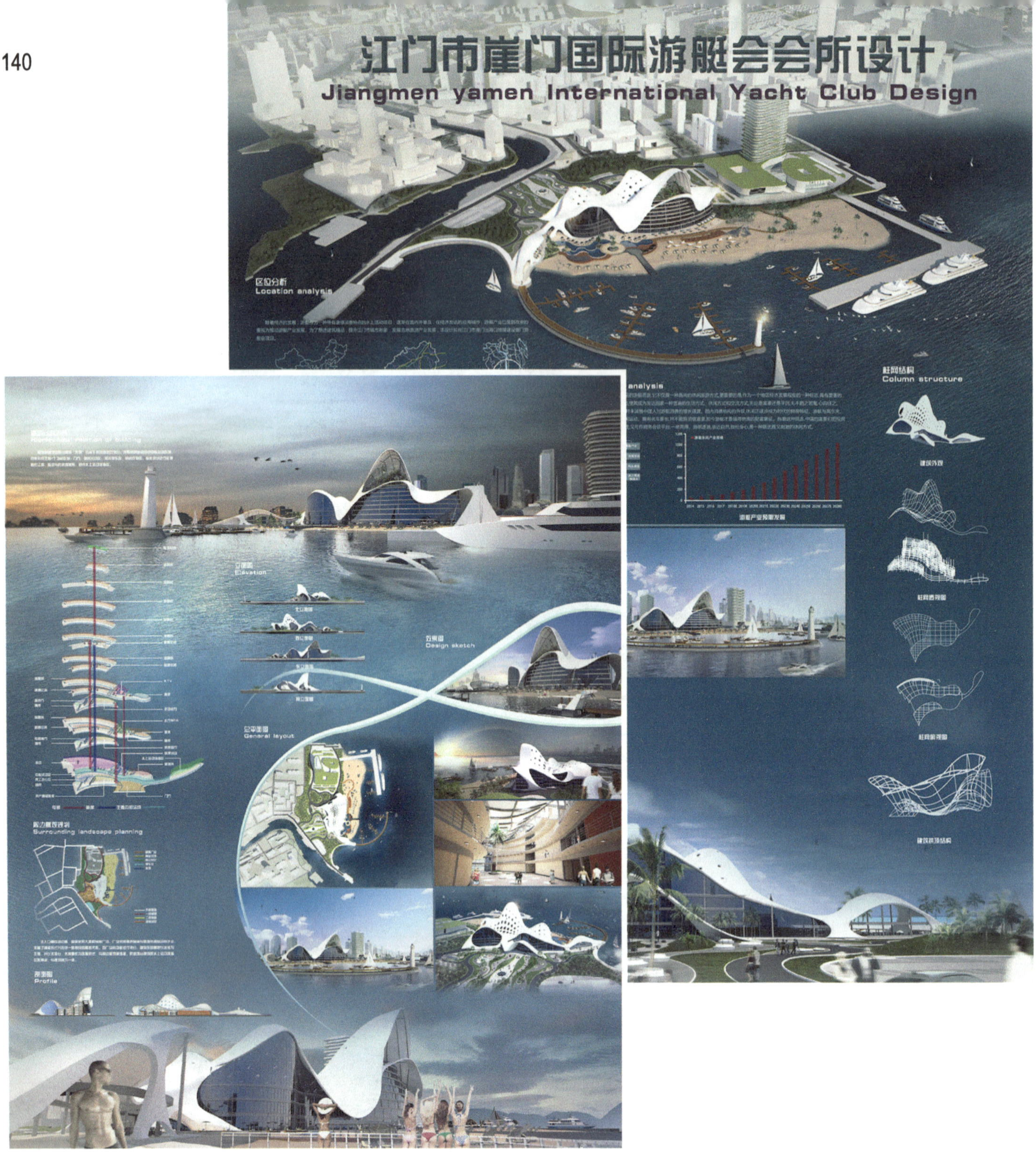

题名：江门市崖门国际游艇会会所设计

学校：西北农林科技大学

设计：黄 力

评语：想法大胆，具有创意。图面整洁，有条理。整体方案从游艇的龙骨造型，和游艇在水面行驶的时候带起的水浪线条作为设计的灵感来源，切题而且最后方案成果视觉效果很好。但是缺乏整个空间和人之间关系的思考。没能很好地体现人与环境之间的互动。

第四部 风景园林设计篇

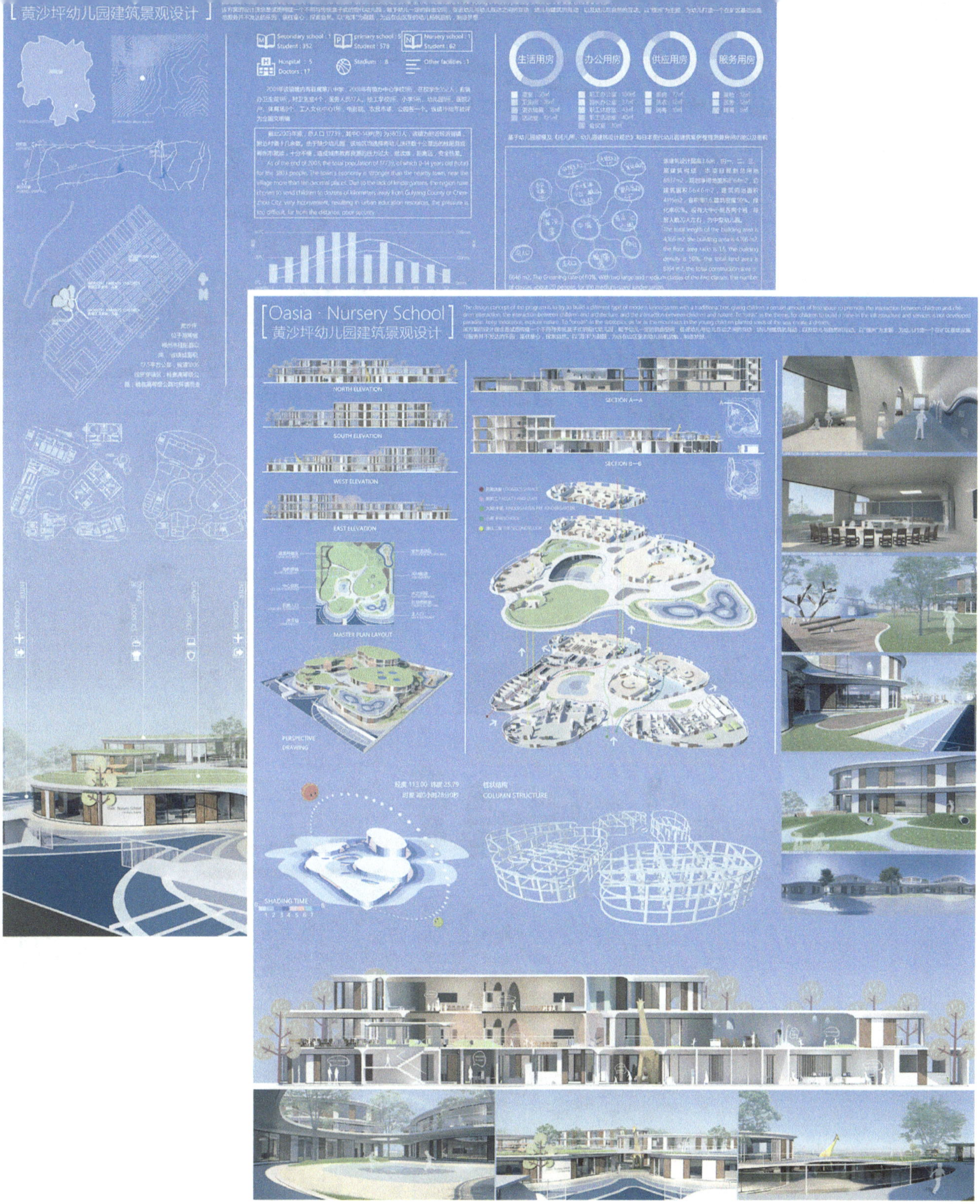

题名：黄沙坪幼儿园建筑景观设计
学校：西北农林科技大学
设计：李昕超
评语：设计思路明晰，方案全面完整、造型独特，有较强的艺术效果，较好地表达了设计意图。画面效果突出，颜色搭配合理，整体版面效果较好。

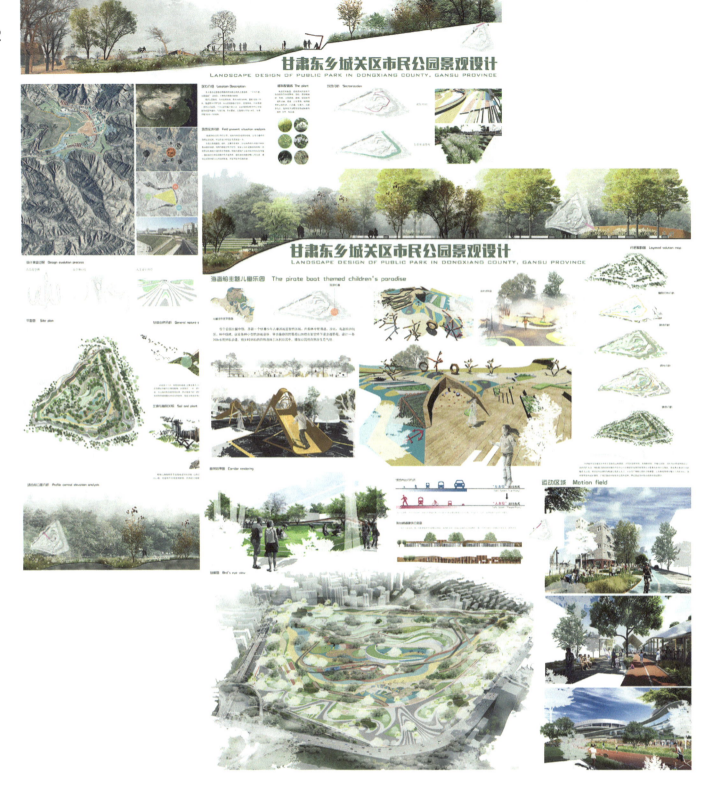

题名： 甘肃东乡城关区市民公园景观设计

学校： 西北农林科技大学

设计： 马晓芳

评语： 设计表达很好，画面简单明了，对当地的自然、人文、经济等各方面调研比较详细，现状总结也很全面。分析的问题比较到位，并合理地给出了解决方案。但是整个设计图纸上缺少对下沉运动空间这一分区的具体细节。

第四部 风景园林设计篇

题名：宝鸡市蟠龙新区湿地公园景观设计
学校：西北农林科技大学
设计：孙维天
指导老师：袁进东
评语：设计方案全面而且从实际出发解决问题，在对场地和周边地区的自然、社会、经济、历史文化等要素进行综合分析与评价的基础上，依据当地自然的空间布局要求，在其设计结构关系与空间组织方面力求做到清晰、明确，且方案内容表述规范。

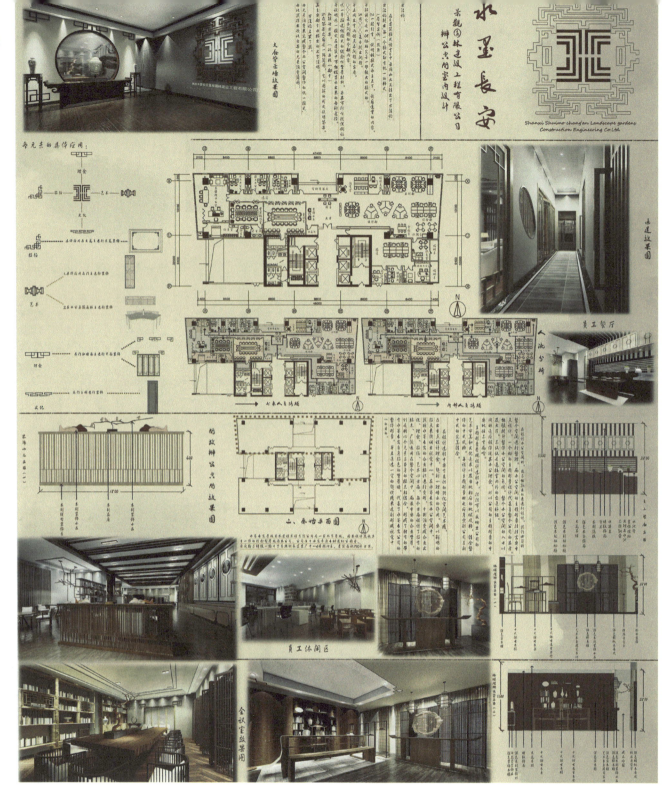

题名：水墨长安景观园林建设工程有限公司办公空间室内设计

学校：西北农林科技大学

设计：张颢贝

评语：该方案在设计上采用极简主义，对空间的细节上做了很多细致的处理，方案能很好展现出效果并且在元素的演变方面也做出了很好的诠释，设计方案基本符合要求。不足之处在于设计略显复杂，没有侧重点。

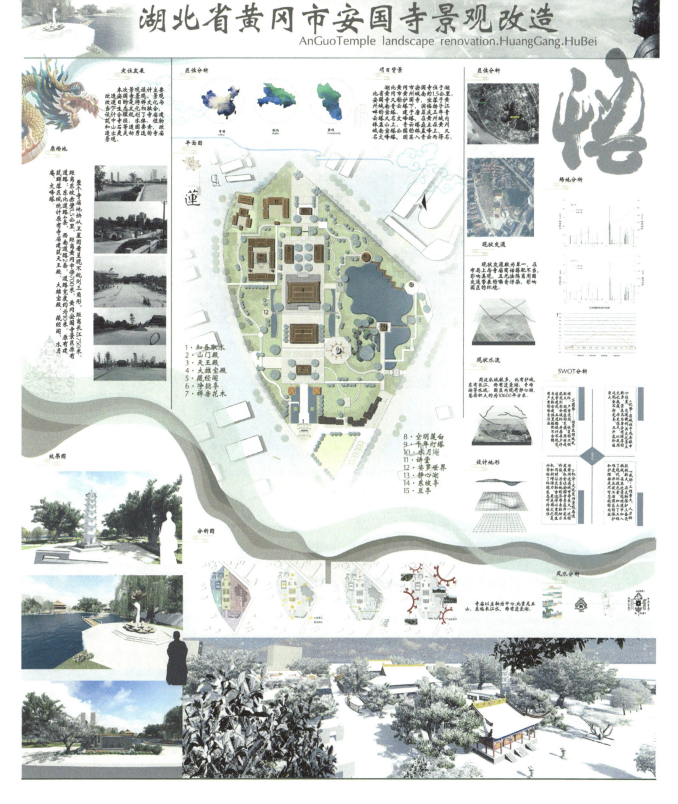

题名：湖北省黄冈市安国寺景观改造
学校：西北农林科技大学
设计：曹小村
指导老师：蕾 宁
评语：该方案为安国寺景观改造，方案结合当地寺庙的建筑风格能进行很好的景观提升，并且在植物配置上，也有着很好的处理。方案设计分析逻辑完整、结构体系、文句表达清楚；不足之处在于未能很好地结合当地的文化元素。

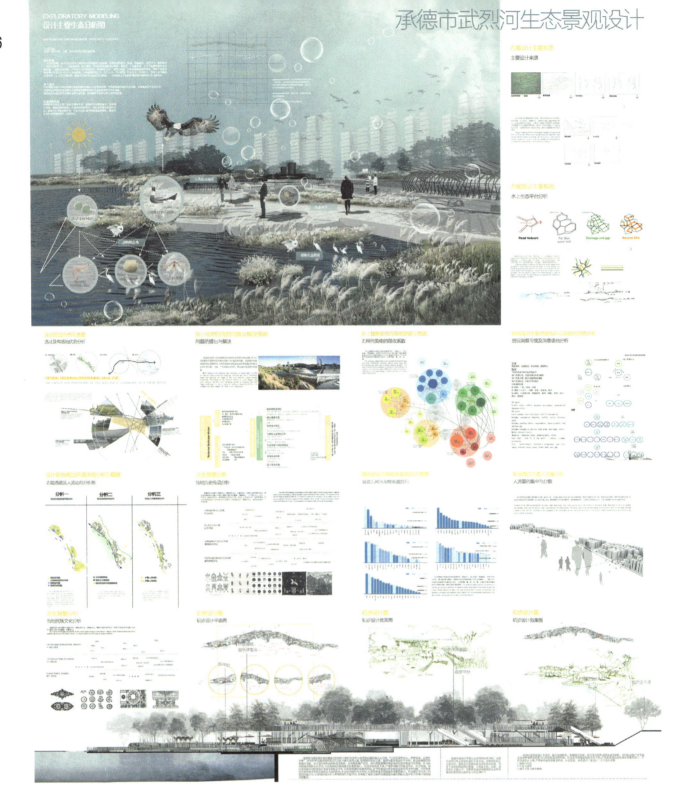

承德市武烈河生态景观设计

题名：承德市武烈河生态景观设计
学校：西北农林科技大学
设计：陈迎春
指导老师：陈 敏 刘艺杰

评语：该方案为武烈河生态景观设计，方案能结合当地环境，富有生态气息，很好地保留原有的风貌。方案设计分析逻辑完整、结构体系、文句表达清楚；不足之处在于作者在图纸的制作过程中显得太过于注重表达效果。

题名：临潼国家旅游度假区紫霞生态谷景观规划设计

学校：西北农林科技大学

设计：俞 俊

指导老师：陈 敏 刘艺杰

评语：该设计以长条状区域进行设计，贯穿着旅游景区，灰色调含而不露，统一且丰富。设计细致，分析较多，若效果图部分数量再多点就更好了。

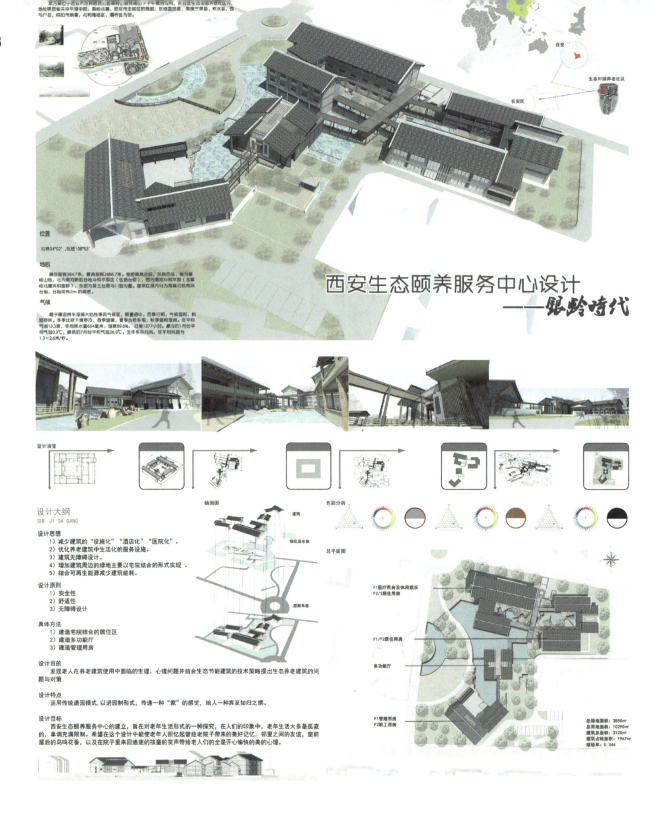

题名：陕西省西安市生态颐养服务中心设计

学校：西北农林科技大学

设计：张 静

指导老师：娄 钢

评语：该设计以为老年人营造良好的生活环境为目的，从舒适性、便捷性、生态性等方面进行空间营造，颇符合现代人性化设计的理念，但在老年生活的温情化方面的设计处理还有待提升。

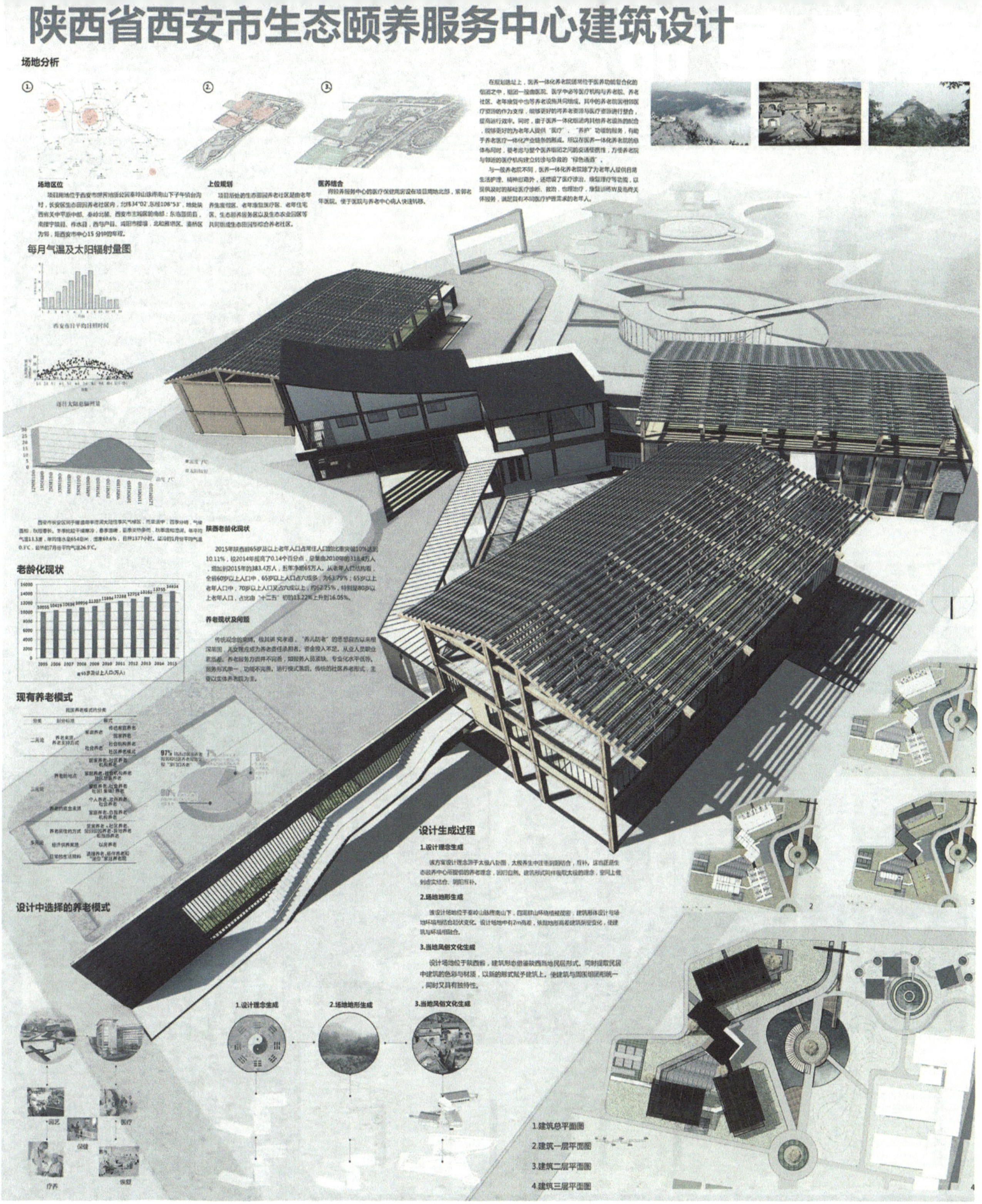

陕西省西安市生态颐养服务中心建筑设计

题名：陕西省西安市生态颐养服务中心建筑设计

学校：西北农林科技大学

设计：原乙铭

指导老师：娄 钢

评语：该设计将现代老年社区便捷化设计与生态理念相融合，建筑设计结合自然，既与周边环境相统一又颇具个性。若能多在老年人日常交往的公共空间营造方面多考量则更佳。

题名：蒸汽革命
学校：华南农业大学
设计：林 琳
评语：该方案是广州天河区红砖厂E10栋的改造，其对于场地现状调查比较全面，抓住本地火车的元素，进行设计，使得人们有"旅人"的感受，值得肯定。但方案的平面布局还存在一些问题，仍需改进。

题名：半山博物馆

学校：华南农业大学

设计：莫宏燃

评语：对场地现状分析比较透彻，大胆发想值得肯定，建筑方案善于联想，提取本地的元素进行设计，使得设计融入自然，有一定创意。整个方案停留在创意阶段，对于施工的材料和工艺没有足够涉及。

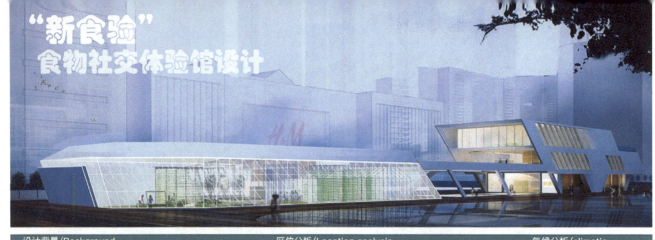

题名： 新食验·食物社交体验馆设计

学校： 华南农业大学

设计： 吴俊健

评语： 选题立意新颖，具有很强的创新性，以农作物的培育生产和烹饪、食用作为一种新的生活和社交方式。整个方案从草稿到完成条理清晰目标明确。只是方案对于如何通过食物让人们展开社交，没有具体的说明。

题名：大江浦村改造之"禅"意客栈
学校：华南农业大学
设计：陈歌凝
指导老师：何新闻

评语：设计方案完整，思路清晰明确，针对场地现状提出具体问题，同时能结合指导方针进行整体设计。方案结合传统文化"禅"意思想，较好地表现了设计意图。画面效果突出，颜色搭配和谐，版面整体艺术效果较好。

第五部 环境设计篇

第五部 环境设计篇

题名：舫·橡公共图书馆设计
学校：华南农业大学
设计：陈志锋
指导老师：冯悦

评语：设计结合功能需求，提出相应的设计方案，通过对设计元素演变具有现代、创新性。室内空间简约，流线型效果强烈，同时能够结合规划设计的指导方针构思设计。方案内容略显单薄，在细节处理上显得稍微不足。

题名：花生寮旧城改造规划设计

学校：华南农业大学

设计：李广豪

指导老师：何新闻

评语：该设计针对旧城的改造，结合功能需求，提出明确的设计思路，通过对场地的定位分析，结合功能流线，对整个旧城进行改造规划。同时能够结合我国规划设计的指导方针，较好地对设计方案提出设计目标。

环境设计篇 第五部

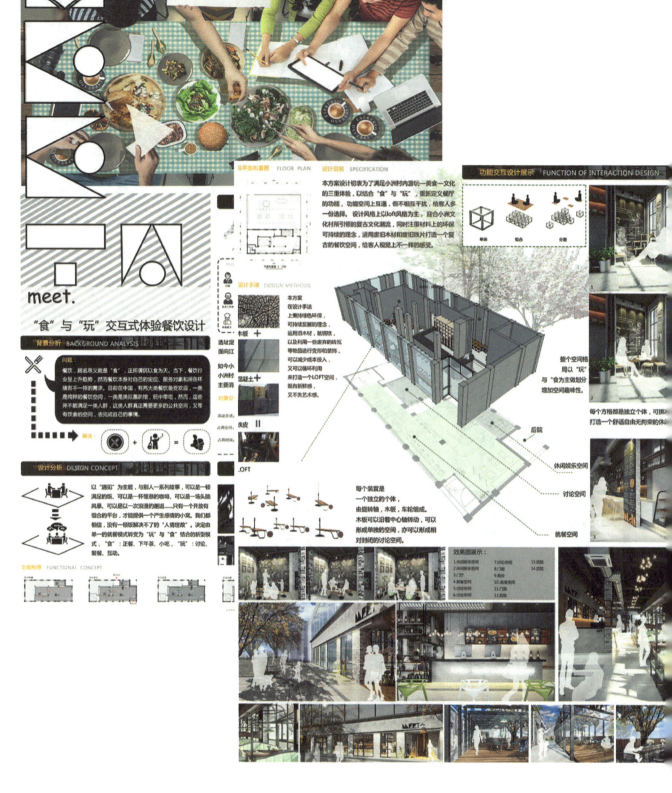

题名：meet·"食"与"玩"交互式体验餐饮设计

学校：华南农业大学

设计：李少晖

指导老师：戚芳妮

评语：该方案通过对"食"与"玩"的行为特征，结合餐饮空间进行设计分析。方案基本满足室内空间功能需求，对二者之间的功能与形态要求进行较好地阐述。版面清晰、明了，设计效果强。

题名：启林区学生活动广场设计

学校：华南农业大学

设计：梁毅斌

指导老师：胡朝晖

评语：该方案对学生活动广场景观设计进行了系统分析，功能完善，基础设施配置齐全，能较好地满足学生活动的要求，空间营造合理，不足是版面显得凌乱，整体性不够。

题名：如影随形

学校：华南农业大学

设计：罗思蔓

指导老师：翁威奇

评语：该方案通过传统文化艺术创新，结合酒店功能需求，空间营造与植物搭配合理，在满足建筑的功能基础上，通过景观丰富整个空间，增加环境的生态性，设计图纸表现力较强，基本完整地表达出设计内容。

题名：一念无奈

学校：华南农业大学

设计：欧嘉宙

指导老师：黄 鑫

评语：设计方案完整，思路清晰明确，贯穿现代主义手法，巧妙运用几何形式，打造简约自然的建筑形象，但与专业方向有所偏离。版面较为凌乱，有待加强。

题名：拾艺·佛山——手工艺活态展示馆

学校：华南农业大学

设计：周翊霖

指导老师：郑 欣

评语：该设计体现了佛山的人文历史背景，对传统文化有较好的传承和发扬，设计立意明确，内容完整。但版面较为凌乱，主体不够突出。

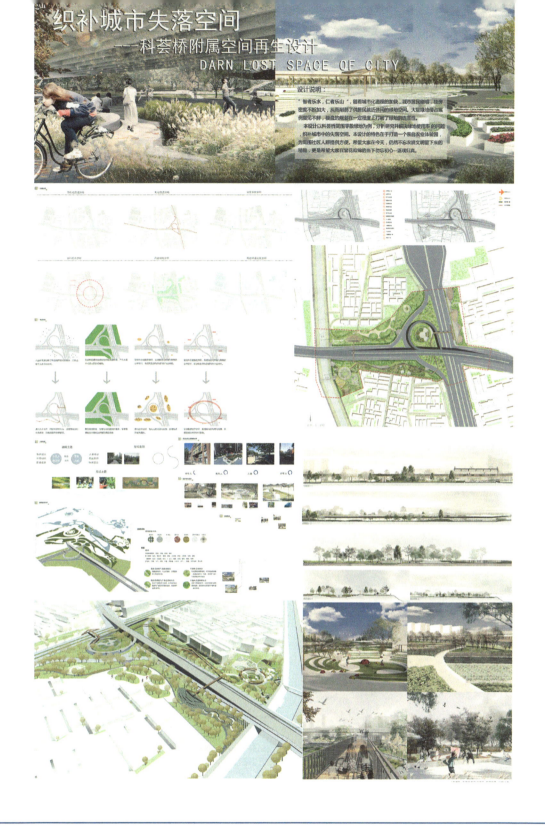

题名： 织补城市失落空间

学校： 北京林业大学

设计： 孔佳婕　胡　月　张天娇

指导老师： 姚　璐　公　伟

评语： 该设计分析全面，通过对功能分析，具体解决的方案，完善空间。不足之处在于对空间的变化显得单调，在设计的小品上可以丰富整个空间。

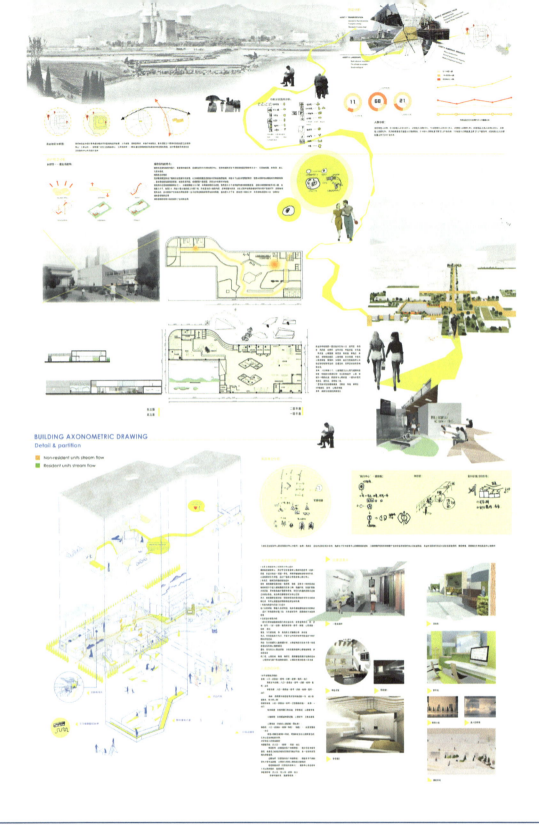

题名：医院设计

学校：北京林业大学

设计：林雅卉 邢璐 刘芳

指导老师：关丹旸

评语：该方案基本符合设计要求，充分考虑人们的需求，体现了人性化，具有一定的应用价值。内容排版较为凌乱，缺乏艺术效果。

第五部 环境设计篇

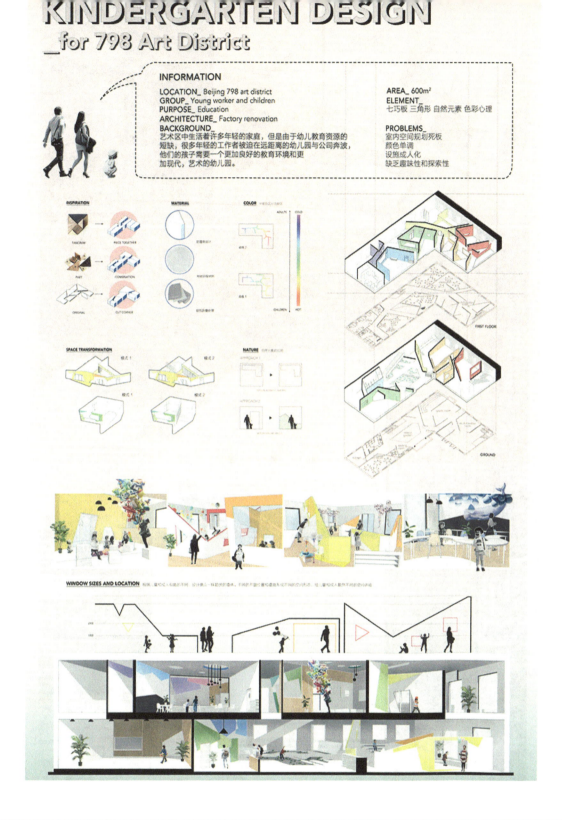

题名：Kindergarten design
学校：北京林业大学
设计：刘德姮
指导老师：贾娣

评语：设计方案基本完整，选题立意新颖，具有很强的创新性。以七巧板为基础，搭配丰富的色彩效果，使得整个空间富有视觉冲击效果。方案抓住年轻工作者在幼儿园与公司奔波的问题，设计出实用性更强、色彩丰富的艺术幼儿园。不足之处在于设计过于单一，可以在设计的构架上丰富形态。

题名：京张铁路纪念公园景观概念设计

学校：北京林业大学

设计：吕菲菲 张婧怡

指导老师：姚璐 公伟

评语：该设计方案结合场地的需求较好地抓住纪念的主题，同时能够将文化与设计节点结合，采用疏密、虚实对比手法，引发人们对空间的思考。设计思路详尽合理，色彩和谐，较好地展现了公园景观的设计思路。

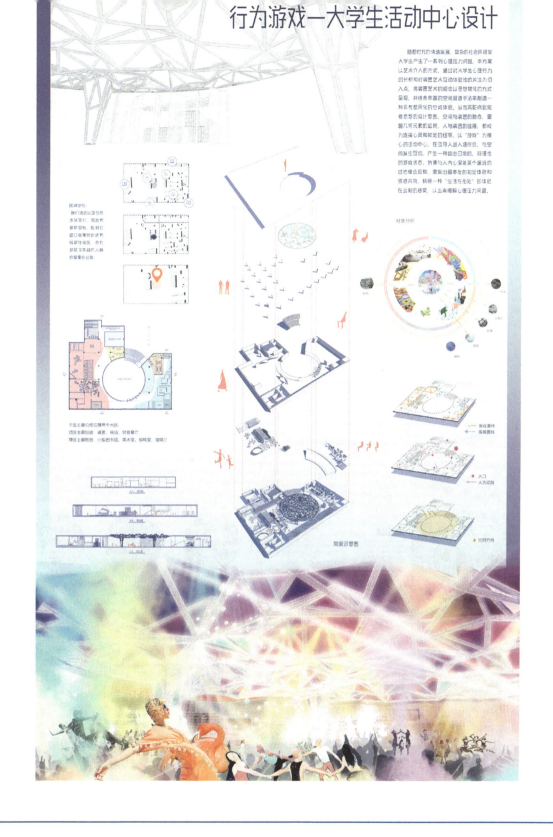

题名：行为游戏·大学生活动中心设计

学校：北京林业大学

设计：孙楚格　陈弘正

指导老师：周越

评语：设计分析逻辑完整，该设计将大学生活动中心充分的展现，很好地结合了现代年轻人的青春，洒脱的思想。不足之处在于排版上的处理略显稚嫩。

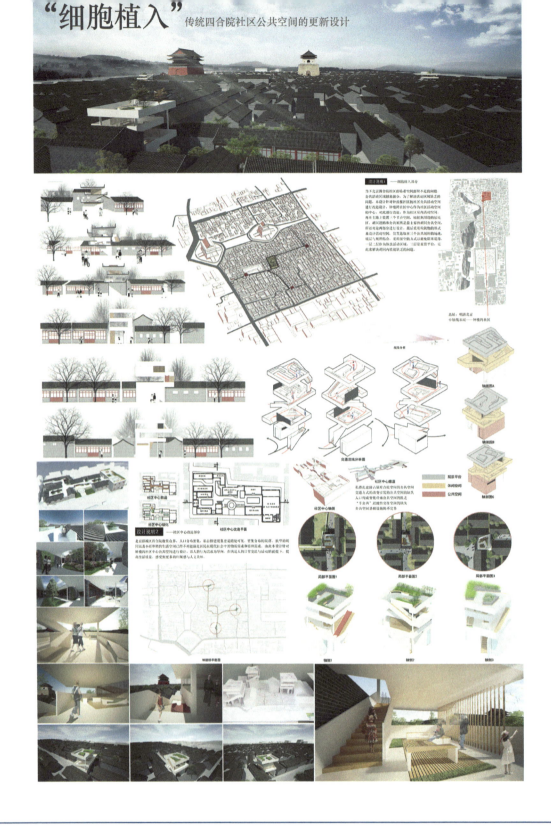

题名：细胞植入·传统四合院社区公共空间的更新设计

学校：北京林业大学

设计：王瑾 陆洋

指导老师：公伟

评语：该设计为社区公共空间设计，设计对空间进行解析，提出相应的设计方案，在分析空间结构上有自己的观点，但在提取元素上可以对其进行深入，将传统文化与现代美感充分结合。

题名：基于自由职业模式下的社区诊所

学校：北京林业大学

设计：王 森

指导老师：张晓燕

评语：该设计为社区诊所，方案对其空间布局进行了详细的分析，很好地运用了人的行为习惯进行设计。在整个社区诊所的设计上，建筑的色彩运用显得过于鲜艳，可以适当加以调整。

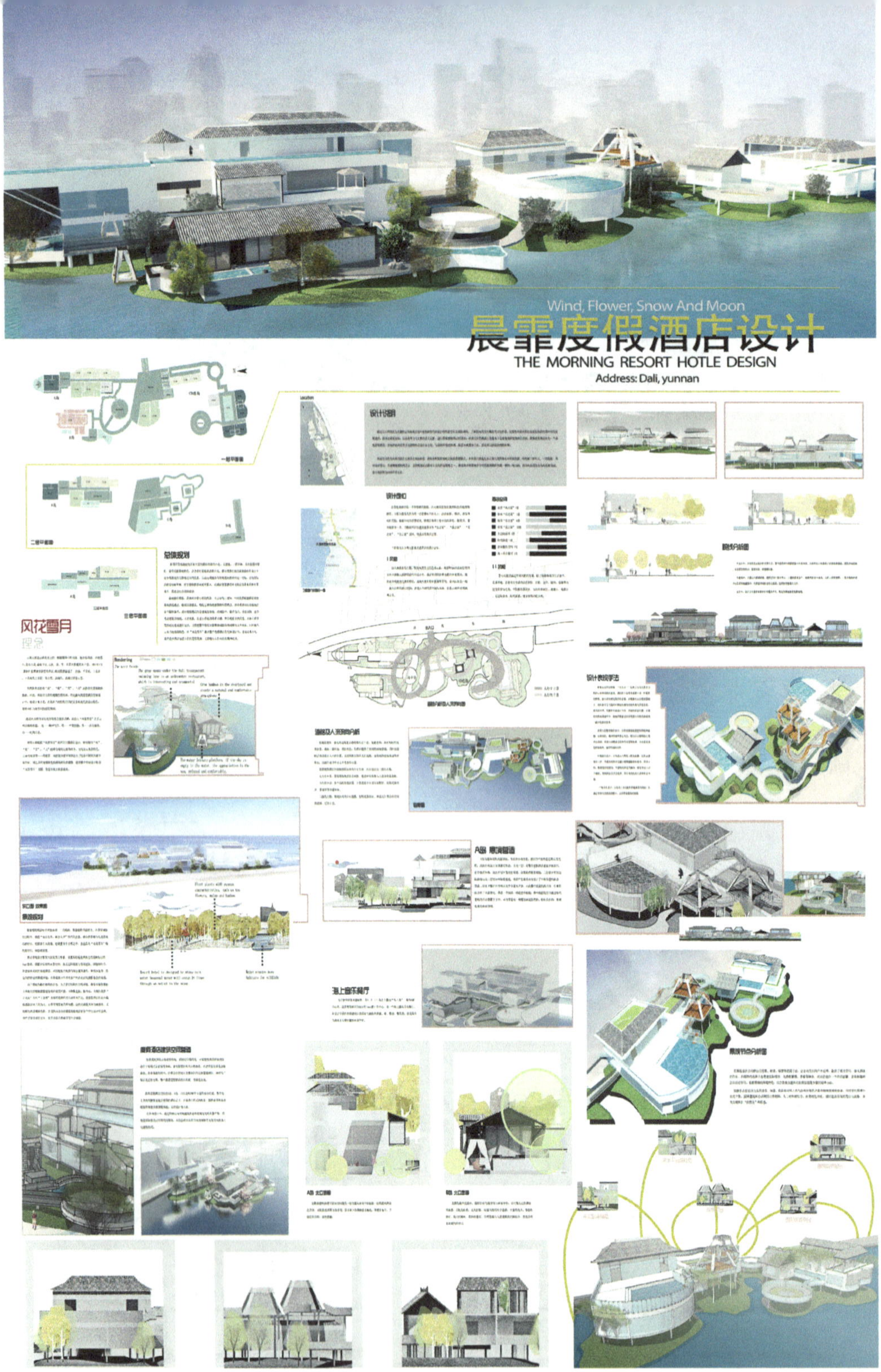

题名：晨霏度假酒店设计

学校：北京林业大学

设计：王 岩 韩 森

指导老师：赵 雁

评语：该方案设计为度假酒店设计，本方案的酒店造型独特，作者有着自己的创意，通过对酒店的整体设计，很好地融合周边环境，展现出了酒店设计的魅力。不足之处在于设计分析逻辑有所欠缺。

第五部 环境设计篇

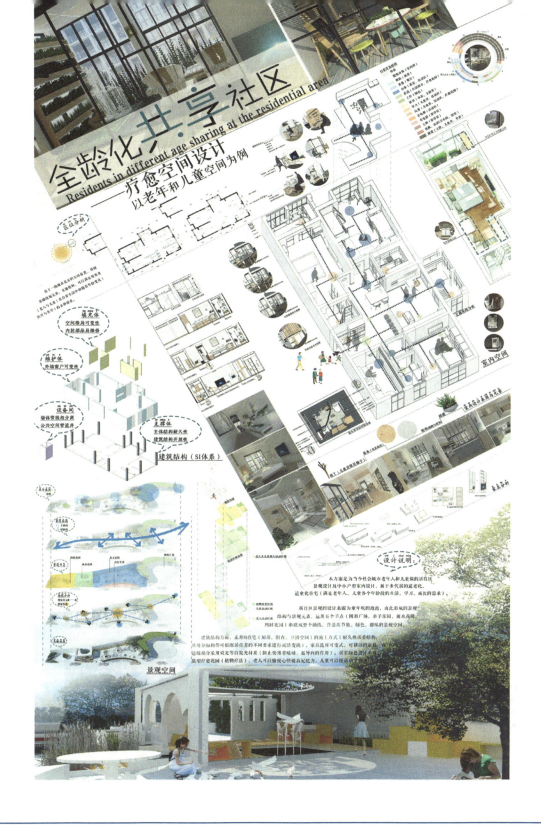

题名：全龄化共享社区

学校：北京林业大学

设计：杨 艺

指导老师：张晓燕

评语：该设计方案为共享社区设计，在方案中，作者通过结合不同人群的行为习惯，将空间进行分割、处理。该方案排版布局合理，文字很巧妙地与图片结合。不足之处在于整个设计分析有待提高。

题名：荒漠绿洲

学校：北京林业大学

设计：张天鹏

指导老师：张晓燕

评语：该方案设计为绿洲设计，在荒野上搭建绿洲，方案色彩鲜艳，很有视觉与设计感，在设计上充分地运用了植物的配置。不足之处在于，设计配套设施上略显复杂，有点多余。

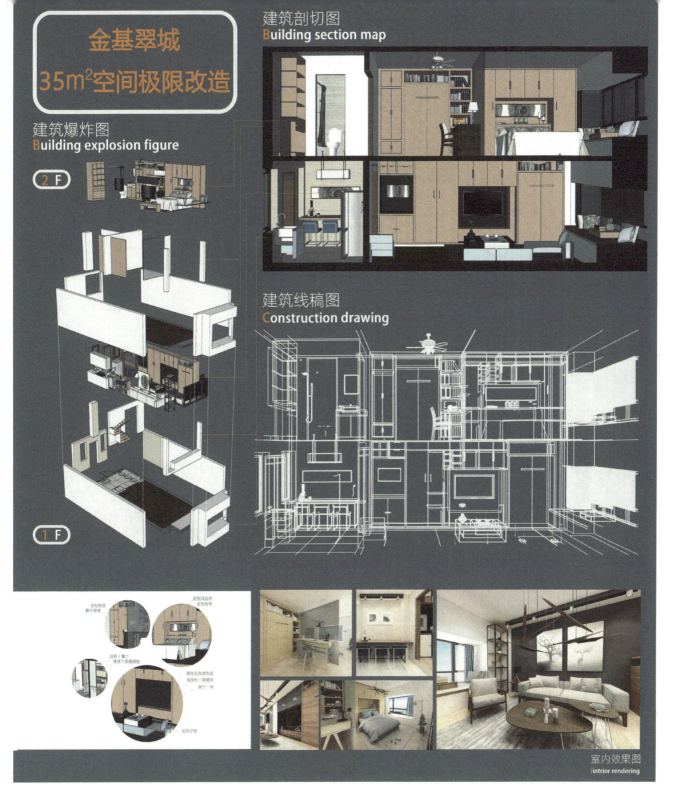

题名：南京金基翠城 35m² 空间极限改造

学校：南京林业大学

设计：陈 辉

指导老师：耿 涛

评语：设计选题立意新颖，该方案为室内空间改造，在有限的空间内对其进行改造，方案有很大的突破，设计逻辑完整。但在设计与编排上有很多不足，整个排版过于简单，包括文字的处理，似乎显得画面没有完成。

题名：看不见的光·为抑郁症患者设计专属室内色彩治疗方案

学校：南京林业大学

设计：郭晨晨

指导老师：梁　晶

评语：该方案为室内色彩设计方案，方案充分运用了色彩的效果，这个方案鲜艳，跳动，富有灵性。在方案上，作者进行了充分的统计与分析，通过色彩的运用，使得患者受到很好的治疗。

素·色——南京云锦文化空间设计
SUSE NANJIGN YUNJIN CULTURAL SPACE DESIGN

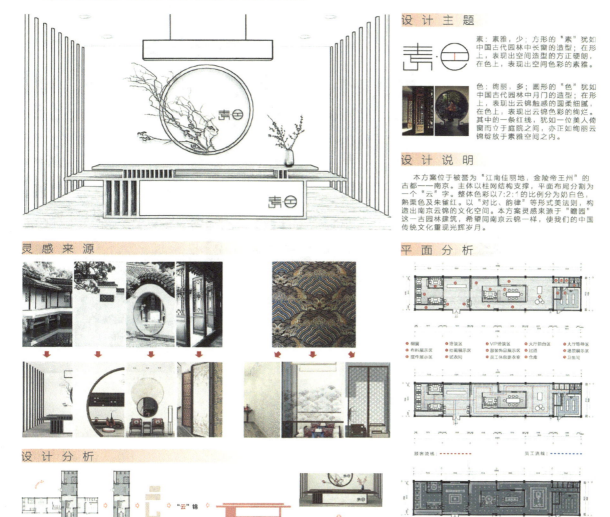

题名：素色——南京云锦文化空间设计

学校：南京林业大学

设计：郝 钰

指导老师：梁 晶

评语：该方案为云锦文化空间设计，设计灵感结合中国古典园林的要素，将元素融合于设计。方案在立面设计上采用方形与圆形的构成，视觉效果很有个性。不足之处在于设计内容不够丰富。

题名：情迷洛可可·浅析法式家居设计

学校：南京林业大学

设计：季相岑

指导老师：梁 晶

评语：该设计方案基本完整，通过对八大元素的细致思考，结合功能与风格需求，以灰色为背景，整个风格复古。方案设计上基本符合要求，图纸基本完整，艺术效果明显。但版面布局上过于简单。

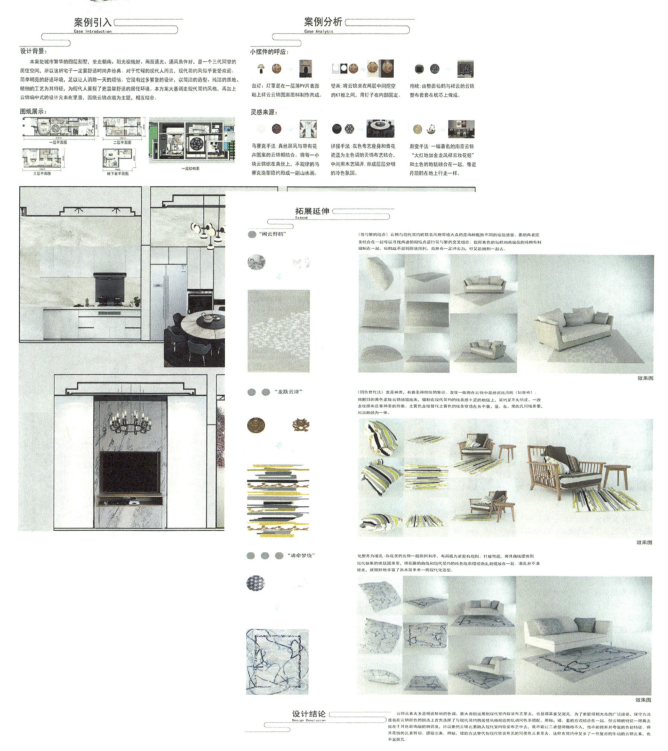

题名：绕指柔情·室内软装布艺与云锦艺术的结合

学校：南京林业大学

设计：翟　倩

指导老师：梁　晶

评语：该方案基本符合设计要求，通过对云锦艺术的分析，以现代简约的装修风格色系搭配，整体风格协调，合理。方案造型简约、朴素，较好地表现出室内软装布艺的质感。

浅析新中式住宅室内设计
——以雅居为例

装饰概念图

材质概念图

本设计从实际出发，以南京莲花湖商业生活区一小户型为设计样板，对室内墙体进行变动改造，成功扩大室内空间。本着"实用为王"的精神，本人在室内设计了多功能桌、懒人沙发的新式家具，以多功能使用为主，收纳为辅。卧室书房与客厅茶室以门的形式隔断，卧室书房以内敛安静为主要氛围；客厅茶室则以外放热烈为主要氛围，这一张一弛，一静一动，使室内整体氛围不显单调。茶室采用中国园林传统的月门的形式，不仅在两厅之间形成隔断，亦不失为一种乐趣。整体上本设计成功将小户型改造成为一座"实用之家"并兼顾了业主的兴趣爱好。设计追求功能第一性，以人为本。

主卧

书房

茶室

茶室

过道

A 多功能桌

在沙发前面是一张集用餐、办公、休闲、娱乐、储物于一体的多功能储物桌。它的桌沿距桌边40 cm，刚好符合人体工程学人坐下时脚需要的距离。这张桌子有10个抽屉，5个柜子，2个桌肚和1个可移动滑门。

B 懒人沙发

沙发我采取了中式实木硬质沙发，搭配白色软垫。在沙发背后有一个细节，我预留了沙发距离墙面15cm的距离架设了一块隔板作为置物架，置物架上随手可取的书籍，翻阅的杂志，近在咫尺，省事又方便。

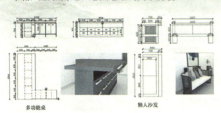

多功能桌　　　　懒人沙发

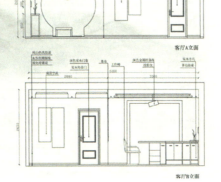

客厅A立面

客厅B立面

第五部 环境设计篇

题名：浅析新中式住宅室内设计·以雅居为例

学校：南京林业大学

设计：周鑫宇

指导老师：梁　晶

评语：该方案设计基本完整，卧室书房和客厅茶室门的隔断，动静结合，丰富了室内整体空间氛围。整体设计需求与美观兼顾，较好地阐述了作品的设计意图。如能增添一些植物搭配，效果更加完美。

题名：浅析新中式住宅室内设计·以雅居为例

学校：南京林业大学

设计：周鑫宇

指导老师：李佳莹

评语：该方案设计以新中式风格为主，设计思路清晰，凸显了传统文化的精神内涵。室内景观以自然风格为主，使空间充满生机、活力。整体设计较好地展现了设计理念。版面排版清晰整体，视觉艺术效果强。

第五部 环境设计篇

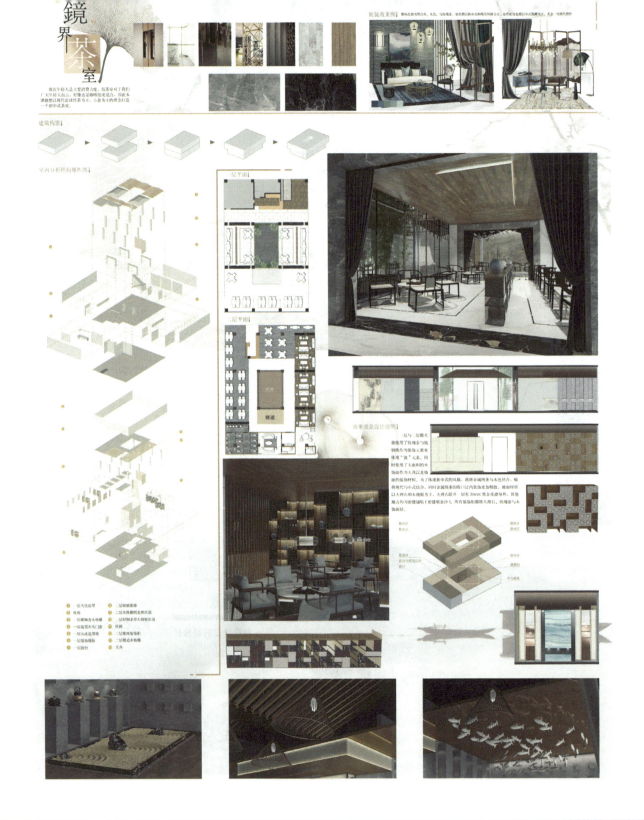

第五部 环境设计篇

题名：镜界茶室

学校：中南林业科技大学

设计：杨子璇

指导老师：袁傲冰

评语：该方案为茶室设计，整个设计基本符合空间的需要，设计的美感度有很大的提高。不足之处在于整个设计创新点不够，排版上没什么特色，有些混乱，需要进行调整。

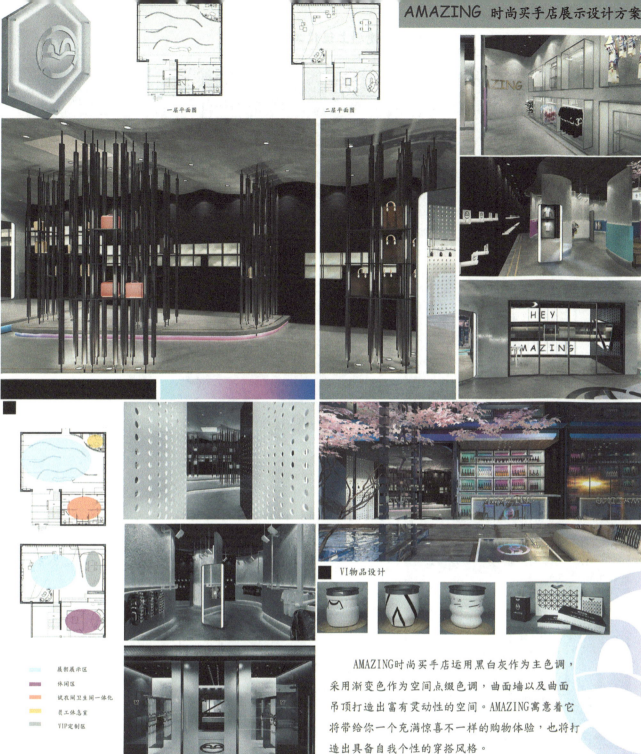

题名：时尚买手店展示设计方案
学校：中南林业科技大学
设计：潘秋玥
指导老师：李薇

评语：该方案为时尚买手店方案设计，方案以灰色调为主，配合曲面吊顶设计，结合空间的形态，将空间分割，以达到空间的最大利用。方案在细节上有着独到的设计。设计分析逻辑完整。不足之处在于整个设计创意点不够。

第五部 环境设计篇

"摩登空间"室内空间设计
——传统意境遇上现代工艺

课题介绍
津市厂房改造
原有建筑空间狭长
厂房改造餐饮空间

面临问题
如何打破长方形的布局
如何在工厂里营造中式餐饮氛围
如何作出有趣的空间

设计说明
本方案从空间布局入手，把原本狭长的空间变得有趣。做了挑空，做了二层，空间上高低错落。设计语言上，运用中国传统建筑符号与现代材料相结合，让整个不仅空间充满中式韵味而且更加现代，年轻。

题名：摩登东方·餐厅室内空间设计
学校：中南林业科技大学
设计：戴帅凯
指导老师：李 薇

评语：方案为餐厅空间设计，方案上对空间进行分割，达到空间的最大利用率。材料上作者运用中国元素使得空间富有味道。不足之处在于整个空间颜色过于暗淡，显得整个空间有点压抑。

题名：永州乡村小院民宿室内设计
学校：中南林业科技大学
设计：夏 勇
指导老师：李 薇

评语：该设计以乡村小院为主题，保留红砖墙体和硬山顶形式，因地制宜设计，结合地方民俗，使空间充分得以利用。排版规整，方案分析上不够翔实，图纸表现效果简单。

题名：景观规划院办公室设计

学校：中南林业科技大学

设计：闫若皓

指导老师：李 薇

评语：该设计以景观规划院办公室设计为主题，依据功能需求，对场所空间进行布局设计。设计方案造型合适，基本功能具备，色彩协调丰富。

题名：船承·渔民日记
学校：福建农林大学
设计：崔宝军
指导老师：郑洪乐　张艺
评语：该方案针对渔民船泊停靠区景观主题设计，依据设计构思，对场地进行功能分配与布局设计。方案设计内容丰富有条理，但是深入不够，如果能针对关键问题提出整体解决的方案，效果会更明显。

题名：四世同堂之常回家看看

学校：福建农林大学

设计：曾海山

指导老师：韩天腾　康思斯

评语：设计图纸完整，设计主题方向明确，方法合理，设计运用了四世同堂的构思，体现了对传统文化的传承和发扬，作品形象完整，排版布局合理，但是整体风格不够突出，版面视觉冲击力不足。

题名：城市书屋·闽侯县埔里高架桥灰空间改造

学校：福建农林大学

设计：邓必默

指导老师：丘 婷

评语：设计内容完整，理念清晰，形象完整，较好地表达了设计内涵，但是整体版面的吸引力不足，色彩单一沉闷。

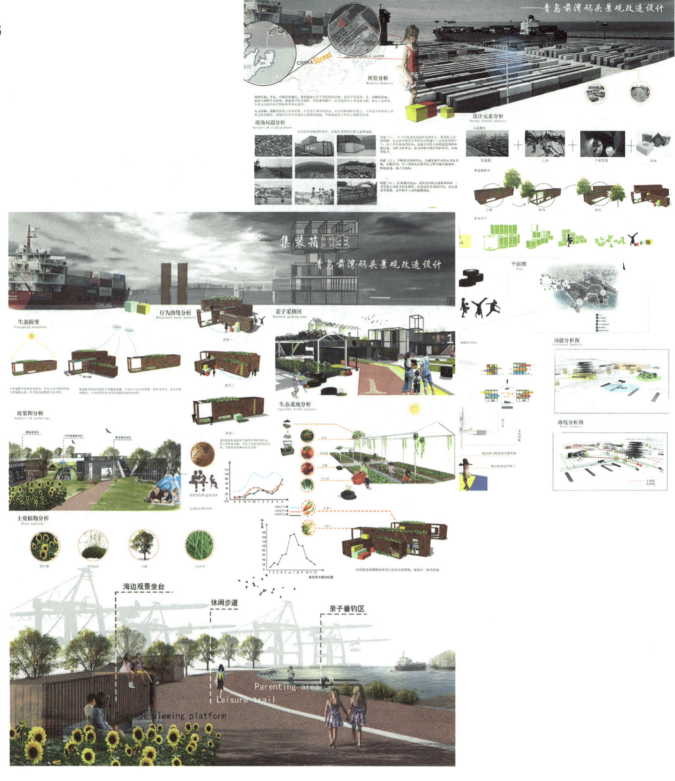

题名：集装箱·青岛前湾码头景观改造设计

学校：福建农林大学

设计：马 东

指导老师：陈顺和、陈凯达、张 威

评语：设计巧妙地运用元素叠加，对码头环境问题进行有效改善，作品逻辑性较强，有一定的应用价值。版面布局略显呆板，整体风格不够突出。

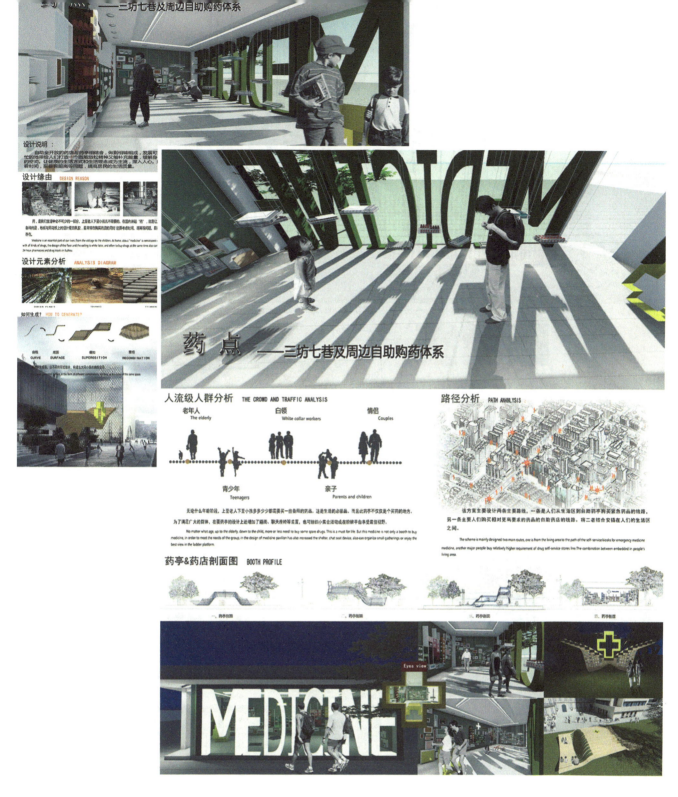

题名：药点·三坊七巷及周边自助购药体系
学校：福建农林大学
设计：郭美玲
指导老师：陈顺和　陈凯达　张　威
评语：设计图纸完整，主题明确，设计有一定的创新性，体现了地域文化特色，具有一定的参考价值，但是版面色彩不够和谐。

材质分析 Material analysis

原木　　粗布　　绿色盲道（渐变）　清水砖　　素水泥

大胆的用原木、粗布、清水砖、绿植墙、绿色盲道等元素打乱重组，按照感官进行空间分割，用嗅觉、听觉、触觉、视觉等作为空间的导向因素，把空间对于人的感官性放大，从而体现出空间对于人的感受。满足全盲、弱视等低视力者使用。

软装分析 Soft mount analysis

导向灯具　　　体息区卡座　　　导向收银台　　　导向盲文墙　　隐性扶手

该空间软装全具备导向功能，导向灯具兼并听觉、嗅觉、视觉、触觉于一身。灯具下方为导向光源，上方是绿色植物具有气味导向，两侧则是音响，有特定声音发出，面侧有伸缩盲文制作靠垫等，解决低视力者在该空间就餐时的困扰。休息区卡座，主要有粗布（浅色、重色机理不同）原木组成，区域包含绿色草地仿佛让人处于自然界中，扶手具有导向盲文。导向收银台表面装有伸缩盲文，其功能主要是让人了解餐厅文化、菜品、人数等。绿色区域主要是智力地图能让人快速记忆整个空间。盲文墙表面配置伸缩盲文，该区域主要是以励志信息、时事政治为主要展示内容。通过盲文的伸缩或粗细给与一定的视觉冲击力，根据盲人不同所表现图案也会有所不同。

光源分析 light source

通过特定光源组成低视力者的导向因素，该空间灯光散光度变化满足了主干道跟支干的区分，主要就餐位置跟交叉路会产生变化，让低视力者在感受盲道的同时有灯光的指引，避免被小凡事的磕碰。通过灯光的指引，也可以对整个空间进行行走，就餐以及休息娱乐。

听觉空间效果图
Auditory space effect chart

听觉空间，主要是以气泡墙发出的声音去定位。在空间内铺设有300*300盲道，桌面上面有声音导向设备。嗅觉跟触觉作为辅助性设备。座椅上面安装有导向盲文。作为导向因素。声音是低视力者主要信息来源方式，该空间旁存有休息区。空间内有特定声音。可以让更多的获取信息以及更多的去享受空间带给自己的感受。

触摸空间效果图
Touch space renderings

该空间为触摸空间，主要是以盲文为导向方式，盲道为辅助方式。是以盲文的形式展现，使得阅读的形式更富有情感，使盲人获得读书的乐趣，跟取得时事的及时性

外观立面图
Facade elevation

立面图在用灯光照射的感觉把门口包容在里面，门上装有盲文。寓意是照亮盲人的内心世界，从而把"心路"这一主题更好的诠释。

第五部 环境设计篇

题名：心路·一个能让盲人跑步的餐厅设计

学校：福建农林大学

设计：李德振

指导老师：韩天腾　康思斯

评语：该方案为餐厅设计，设计方案为特殊群体，立意很有心意，在表达上结合现代餐厅的设计，运用人体的触觉效果，便于盲人餐厅里活动和进餐。不足之处在于整个设计分析不够深入。

禅·茶 ---THE BUDDHIST TEMPLE IN JINAN

---济南千佛山佛堂

设计说明 Design specification

佛教起源于古印度，两汉时期传入中国，禅宗文化是佛教文化重要的组成部分，影响了中国上千年的历史。在中国传统的书法、音乐、水墨画、中医、农耕、武术都可以看到禅宗文化的身影，禅宗文化与中华文化在几千年的历史长河当中相互融合，形成中国特有的禅宗文化。

茶，芳香而又香醇，中国是茶的故乡，中国人饮茶有4700多年的历史，中国的茶文化更是源远流长，推开历史的画卷从封建社会的文人雅客到当今社会的普通大众、社会名流饮茶是一种物质，也是一种精神。

随着社会节奏的加快，人们的压力也是日益剧增，我们每天都被都市的浮躁所吞噬，当人们都追逐着向前奔跑，这种追求极致所换来的是精神的麻木与迟钝。本设计通过佛教禅文化与中华茶道中的四大要素环境、礼法、茶艺、修行相融合为人们提供一个参佛、静思、冥想的场所，同时也可以满足个人的生活起居、以禅修心，以茶养生，回归人心本源，顿悟人生。

AS THE SOCIETY RHYTHM SPEEDING UP, PEOPLE'S PRESSURE IS ALSO GROWING, EVERY DAY WE DEVOURED BY URBAN IMPETUOUS, WHEN PEOPLE ARE CHASING RUNNING FORWARD, THE TRADEOFF FOR THE PURSUIT OF PERFECTION IS SPIRITUAL NUMBNESS AND DULL. THIS DESIGN THROUGH THE ZEN BUDDHISM CULTURE AND THE ENVIRONMENT OF THE FOUR ELEMENTS OF THE CHINESE TEA CEREMONY, MANNERS, TEA ART, THE INTEGRATION OF PRACTICE PROVIDE A REFERENCE FOR PEOPLE PLACE OF BUDDHA, MEDITATION, AND MEDITATION, AT THE SAME TIME ALSO CAN SATISFY PERSONAL LIFE DAILY LIFE. WITH THE MEDITATION OF THE HEART, THE TEA RAISES, THE RETURN OF THE PEOPLE'S ORIGIN, THE REALIZATION OF LIFE.

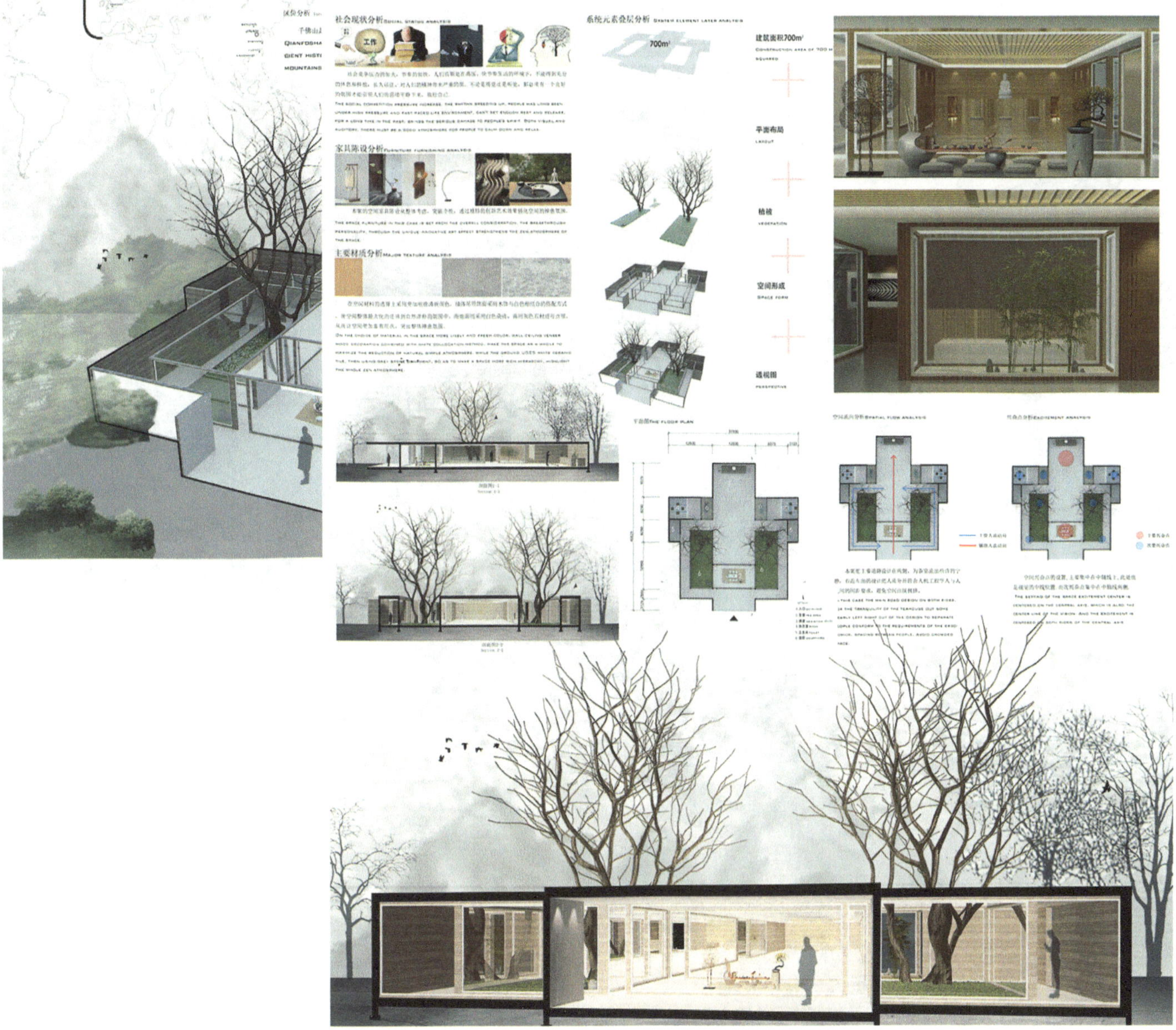

题名：禅茶·济南千佛山佛堂

学校：福建农林大学

设计：刘　超

指导老师：韩天腾　康思斯

评语：设计内容基本完整，以禅茶文化为主题，设计了一个参佛、静思、冥想的空间场所，体现了传统文化特色。立意新颖，但版面风格不够突出。

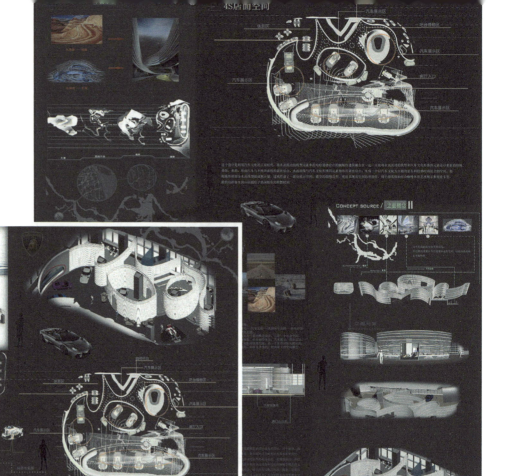

题名：水流·线型兰博基尼4S店面空间

学校：福建农林大学

设计：王 慧

指导老师：陈顺和 张 威 陈凯达

评语：设计图纸主题明确，具有一定的创新性，巧妙地运用水的形态进行设计构思，形式统一。但色彩过于沉闷，分析不够深入细致。

题名：华韵酒家·晋文化与纹样在新中式餐饮空间的展现

学校：福建农林大学

设计：王建丽

指导老师：韩天腾　康思斯

评语：以晋文化与传统纹样图案相结合，以新中式餐饮空间为主题，设计思路清晰，分析全面，图纸完整，突出地域文化特色。但版面不够美观，色调不够统一。

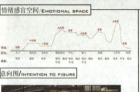

第五部 环境设计篇

题名：清素·釉下五彩瓷元素餐饮空间

学校：福建农林大学

设计：王亚倩

指导老师：韩天腾　康思斯

评语：设计运用了釉下五彩瓷元素，营造了传统和现代艺术氛围相结合的餐厅空间，立意明确，构思新颖，体现对优秀传统文化的传承与发扬，但版面设计不够美观。

题名：潮起潮落·霞浦县竹江村竹景观规划设计

学校：福建农林大学

设计：吴飞洪

指导老师：郑洪乐　张艺

评语：该设计更好地抓住了生态与生活的结合点，围绕竹排及其对渔民生产、生活、生态关系的探究，具有一定的现实意义，版面颜色统一，整体性强，视觉冲击力较强。

第五部 环境设计篇

题名： 远方·东街口综合性理发会所设计

学校： 福建农林大学

设计： 修长宾

指导老师： 陈顺和、张威、陈凯达

评语： 设计图纸内容完整，设计了一个舒适、放松、安逸的会所，具有一定的现实意义。设计创意点不足，空间设置过于方正。版面较为紧凑，但色彩较为单一，比较沉闷。

效果图（一）

"度假—独家"
——一个改变生活方式的设计

效果图（二）

材质分析

棉麻　木质纹　竹编　木质纹　砖　玻璃

设计元素分析及平面生成

设计说明

本设计主要通过对当下社会发展环境的关注，发现问题：城市生活的快节奏、工作的繁忙等，带来的压力与包袱。越来越多的人开始思考生活的环境与方式。开始寻求回归本质自然、原始、健康、环保的生活环境，追求理想的生活方式。针对人们的需求，提出"解放、回归"的思想，以单身独居者、上班族为主要人群，结合"度假——独家"的方式，给他们提供一个远离城市喧嚣，释放压力，回归自然，怡自得，犹如度假般的生活空间。

整个室内环境以棉麻和木材为主，简约的木质纹理，搭配静谧的棉麻墙面，给人清新典雅的感觉。再添加灰色的不规则砖墙纹理，又一种怀旧，复古的味道。在室内加入竹编的艺术工艺作为装饰品，发扬传统文化价值的同时给室内环境注入了一丝田园的气息。在室内景观设计中，采用大面积的竹子作为景观观赏点，绿意盎然的同时倡导了绿色、生态的理念。在生活上，也缓解了上班族每天面对电脑的眼部疲劳。为被城市生活环境与方式压迫的现代人另一种生活方式，度假般的居住感受，营造一个在自然中放飞思绪，田园般的"度假——独家"的居住空间。

区位分析

旗山森林温泉度假村位于中国福州旗山国家森林公园内，距离福州市中心约18公里，面积600余亩。五星级标准和国家AAAA级景区标准精心打造，度假村秉承生态性、地域性和策略性的规划理念，度假村秉承生态性、地域性和策略性的规划理念，以"森林假日"与"闽式温泉"为主概念，是一个具有鲜明个性的城郊生态型度假村。

人物分析

假报告显示，中国单身男女已达2亿，独居的单身数量也在逐渐增高。他们年轻、个性、独立，喜欢自由，新鲜的事物，同在快节奏的城市生活中，面对喧嚣的环境、生活、工作与各方面的压力。他们不堪重负，需要一个在劳累的一天工作之后，可以给予温暖，远离工作、生活压力的避风港，可以无拘无束，没有固定的方式、规矩，轻松、随意的环境。

建筑立面图

平面图（一）　　平面图（二）

题名：度假独家·一个改变生活方式的设计

学校：福建农林大学

设计：徐　星

指导老师：韩天腾　康思斯

评语：方案视角新颖独特，以"独家"为理念，营造了一个回归自然，犹如度假的生活氛围。构思新颖，但整体布局不够完整，吸引力不足。

环境设计篇　第五部

第五部 环境设计篇

题名： 境然堂艺空间室内设计
学校： 中南林业科技大学
设计： 马静茹
指导老师： 李佳莹

评语： 设计方案基本完整，图纸整体效果协调。方案以新中式风格为主，设计空间让顾客感受到轻松、悠闲的氛围。方案充分展现茶楼的建筑风格与特点，画面简单明了，并合理地设计出茶楼的形象，为设计增添了一份活力。不足之处在于设计的元素提取过于简单，创新点不足。

题名：引线物种·世泰湖湿地生态化修复设计

学校：福建农林大学

设计：张蓝予

指导老师：丁铮 施并塑

评语：设计方向明确，理念清晰，较好地表达了设计内涵，图纸方案内容完整，有一定的应用价值和现实意义，色彩统一，但是视觉冲击力不足，有待加强。

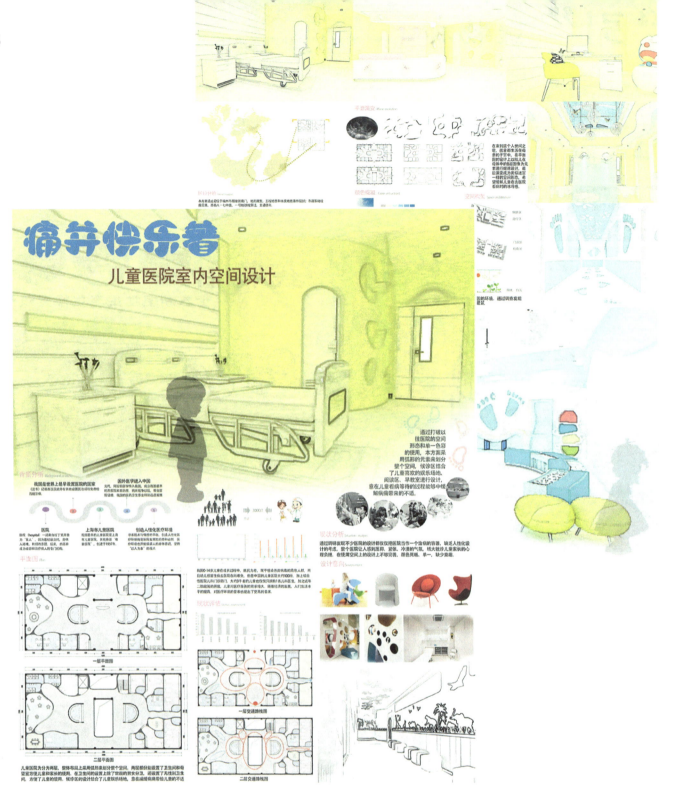

题名：痛并快乐着·儿童医院室内空间设计

学校：福建农林大学

设计：周丽熔

指导老师：丁铮　施并塑

评语：该方案设计了个人性化的医疗环境，设计图纸内容完整，理念清晰，作品形象完整。画面排版布局过于简单，内容不够丰富，整体重点不够突出。

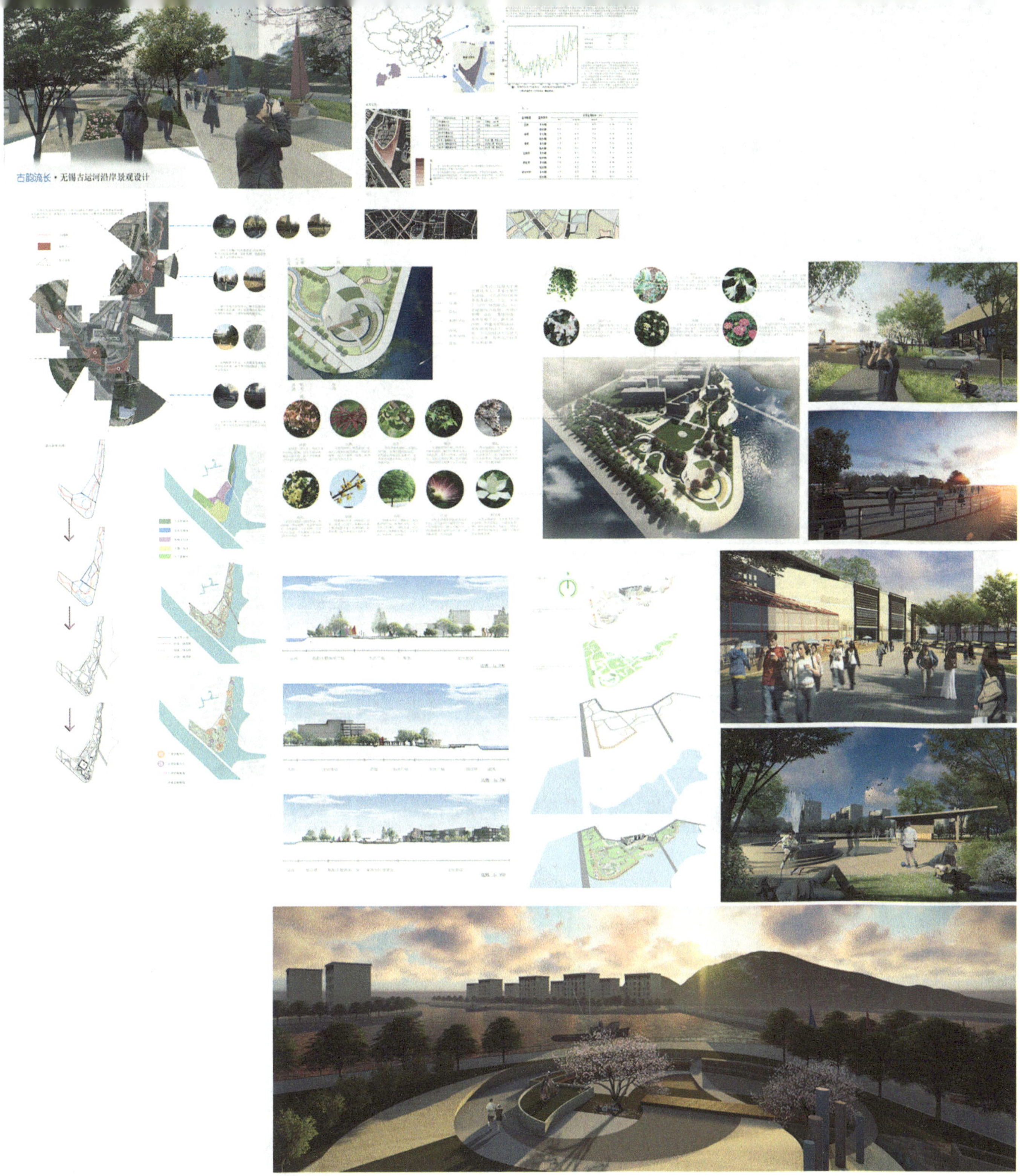

题名：古韵流长·无锡古运河沿岸设计

学校：南京林业大学

设计：董 瑾

指导老师：苏 婧

评语：设计以"古韵流长"为主题，设计了一个休憩的公共空间。设计说明没有完善，版面布局凌乱，逻辑性不强，整体设计美感不足。

第五部 环境设计篇

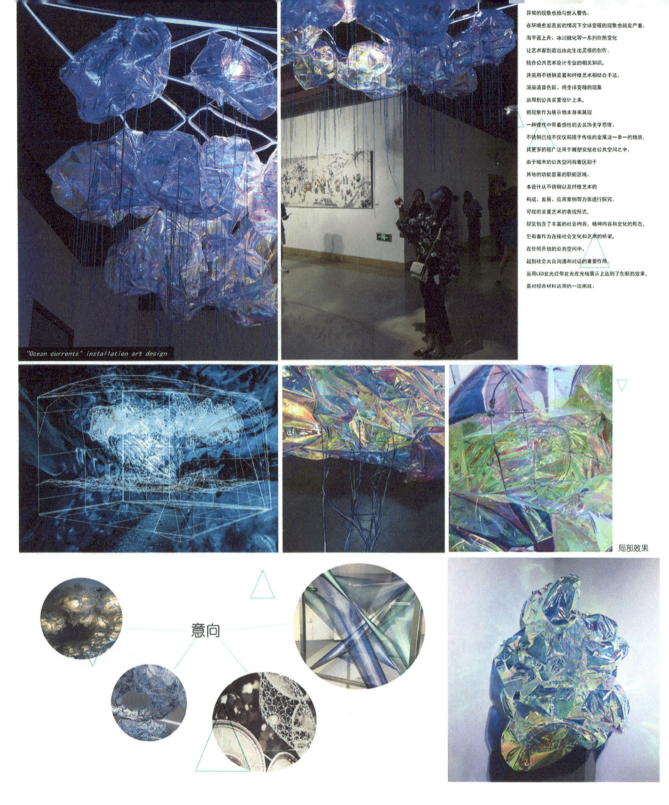

异常的现象也给与世人警告。
在环境愈发恶劣的情况下全球变暖的现象也越发严重。
海平面上升、冰川融化等一系列自然变化
让艺术家创造出由此生出灵感的创作。
结合公共艺术设计专业的相关知识，
并采用不锈钢装置和纤维艺术相结合手法。
渲染晕染色彩，将全球变暖的现象
运用到公共装置设计上来。
把现象作为展示物本身来展现
一种韧性中带着感性的表达饰美学思维。
不锈钢已经不仅仅局限于传统的金属这一单一的物质，
其更多的推广泛用于雕塑安放在公共空间之中。
由于城市的公共空间有着区别于
其他的功能显著的职能区域。
本设计从不锈钢以及纤维艺术的
构成、发展、应用案例等方面进行探究。
可视的装置艺术的表现形式，
却又包含了丰富的社会内容、精神内容和文化的形态，
它有着作为连接社会文化和艺术的桥梁。
在任何开放的公共空间中，
起到社会大众沟通和对话的重要作用。
运用LED发光灯带发光在光线展示上达到了创新的效果。
是对综合材料运用的一次挑战。

局部效果

意向

第五部 环境设计篇

题名：洋流·装置艺术设计
学校：南京林业大学
设计：胡文芬
指导老师：田晓冬

评语：设计方案新颖，立意明确，构思独特。版面布局凌乱，逻辑性不足，字体与整体风格吻合度不够，整体版面的吸引力不足。

题名：泗洪世纪公园景观规划设计

学校：南京林业大学

设计：彭海燕

指导老师：洪　泓

评语：设计方案在有限的空间内创造了一个多样性、生态性的空间体系，立意清晰，主题明确。但是版面布局凌乱，整体风格不够突出，视觉冲击力较弱。

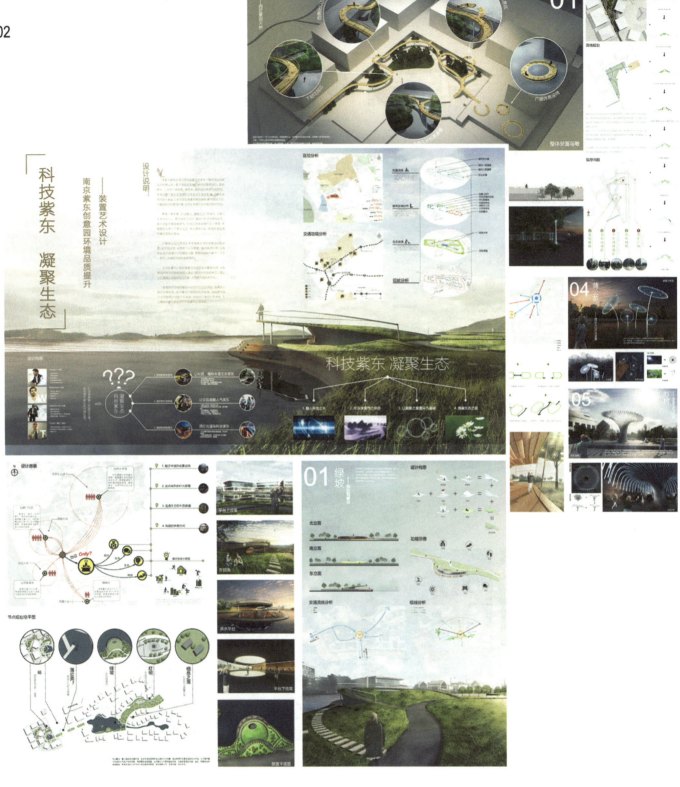

第五部 环境设计篇

题名：紫东国际创意园环境品质提升

学校：南京林业大学

设计：万嘉隆

指导老师：丁 山

评语：设计构思新颖，立意明确，思路清晰，具有一定的应用价值。版面布局合理，颜色和谐统一。

题名：天人合一·盐城大新河城市湿地公园改造设计

学校：南京林业大学

设计：王明旭

指导老师：苏 婧

评语：图纸内容完整，设计方案以"天人合一"为理念，设计了一个生态性湿地公园，设计方向明确，具有一定的参考价值。但画面排版布局过于简单，内容不够丰富。

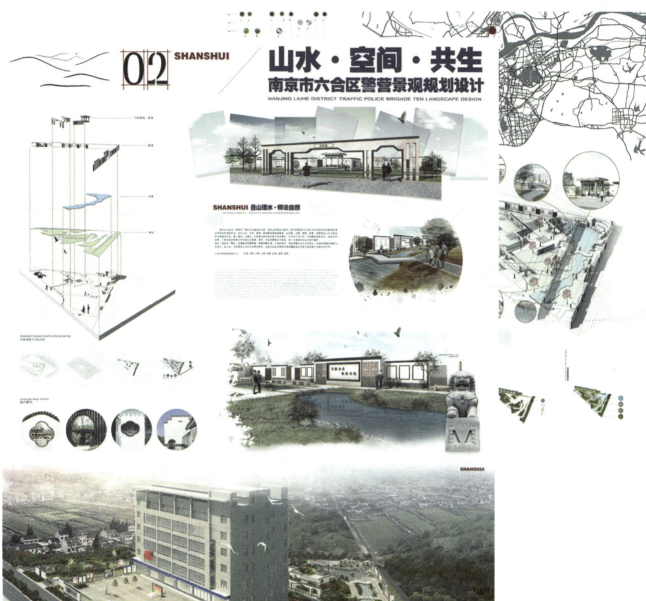

题名：山水·空间·共生警营景观规划

学校：南京林业大学

设计：王 森

指导老师：曹 磊

评语：该设计以"山水、空间、共生"为理念，创建了一个文化氛围浓郁、职业认同感强的景观空间。立意明确，构思新颖，具有一定的应用价值，版面布局合理，但整体风格不够突出。

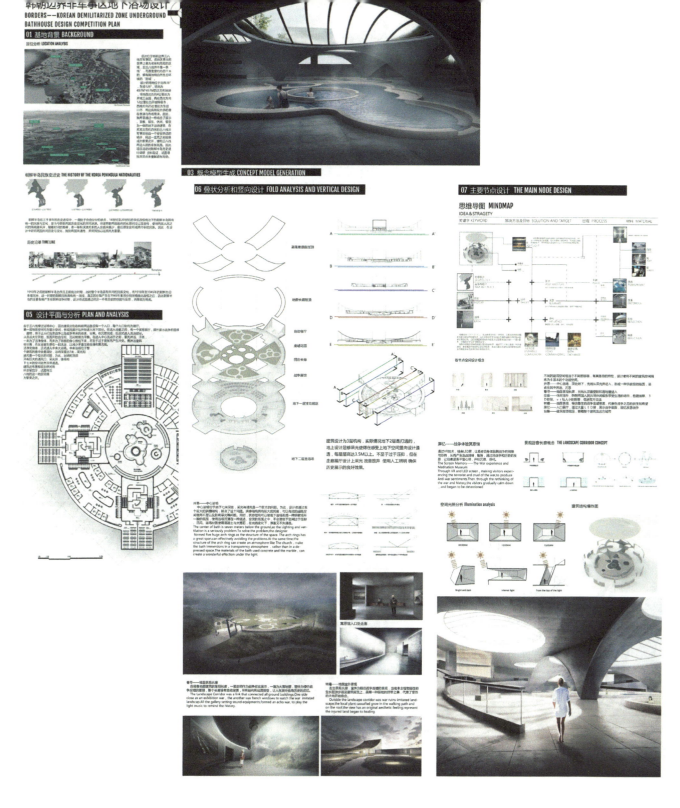

题名：韩朝边界非军事区地下浴场设计

学校：南京林业大学

设计：张路南

指导老师：王夕倩

评语：设计图纸内容完整，思路清晰，视觉冲击感较强，有一定的应用价值。版面布局规整，整体风格突出。

题名：南京老山国家森林生态广场景观建筑及周边设计

学校：南京林业大学

设计：赵博闻

指导老师：傅伟伦

评语：设计以"隐于林"为理念，立意明确，构思新颖，具有一定的应用价值。版面布局艺术效果较好，视觉冲击力较强。

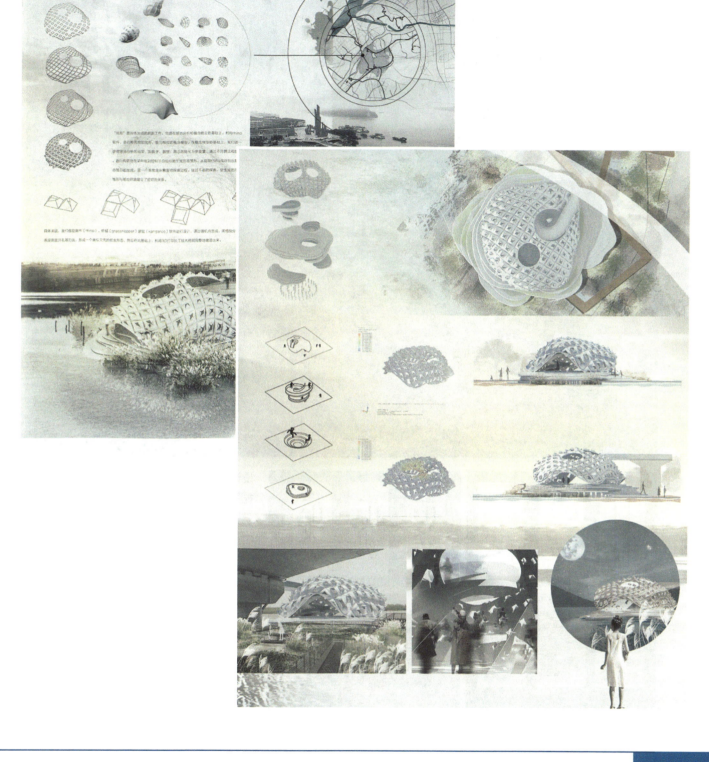

题名：南京下关至三汊河口段景观与构筑物设计

学校：南京林业大学

设计：赵　柯　朱辰佳

指导老师：朱　一

评语：设计思路清晰，立意明确，构思新颖，但设计说明没有完善，缺少对功能用途的分析。版面布局凌乱，整体风格不够统一。

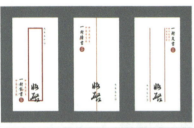 

设计说明

查先生＝茶叶＋邮局

这是一个独一无二，史无前例，给你带来惊喜，让你回味无穷的茶舍。在这里不仅可以坐下来品茶，还能为你邮寄情思的地方。

随着经济的快速发展，大家都忙着各自的事情，无法相聚在一起。在以电话和微信为主要沟通工具的移动互联网大时代背景下，信息或许能够被快速传递，然而我们的情感，却被静静的搁置。所以我们希望可以通过《查先生茶舍》这个茶叶与邮局跨界结合的品牌设计，搭建心灵沟通的桥梁。

藉此，查先生采用"茶叶＋书信"的形式作为核心产品。邮寄一封茶与信，告诉ta"虽不常联系，却从未忘记"。茶叶，不在于贵，而在于心，一份情意，一份真诚，一份心意，让想念不再沉默，让怀念不再停留在记忆中，让情感在不同的时间、不同的地点陪伴，代表对亲人朋友的祝福，表达对亲人朋友的关心。

（整个方案包括：品牌策划、品牌视觉设计、产品包装设计、空间设计、体验设计）

第六部 视觉传达篇

题名：查先生茶舍·品牌设计

学校：华南农业大学

设计：温群冯　梁宏原

评语：品牌定位较为新颖，有一定的创意构思，并运用跨界手法进行品牌的设计，设计整体性较强，风格协调统一。在设计的版面效果及设计风格上时尚感可增强，更符合现代年轻受众群体的审美和消费需求。

题名：光之守护者·游戏原画设计

学校：华南农业大学

设计：练子杰

评语： 设计方案基本完整，图纸表现力强，有很强烈的视觉冲击效果。图面整洁，有条理性。方案尤其是在造型的表现上，想法大胆，富有创意。不足之处在于设计过程不够详细。

平行世界 Parallel

设计说明

通过创意颠倒性设计，使现代人以颠倒的方式来重组自己对这个世界的认识知觉，自然而然地"比较"颠倒前后的知觉映像。

创作以当代日常生活行为进行颠倒性的设计，以插画、图形、字体三者结合的信息动态以耐人寻味的形式情景描绘于动态画面上，让其观感趣味的同时，进入社会话题空间并借此引起当代人的反思，重新处理人类文明发展和动物权益的关系。

第六部 视觉传达篇

题名：平行世界

学校：华南农业大学

设计：李国嫦

指导老师：欧阳文昱

评语：设计以插画、图形、字体三者相结合的形式，阐述了文明发展和动物权益的关系，引人深思。设计角度新颖，画面设计简洁明快。

<味食先知>

——生鲜切割产品及包装装潢设计

"味食先知",未先闻其味而先知其色,通过包装直观、透明的方式,与其便利性,展示在受众面前。

对鲜切生鲜各食材的包装进行装潢设计,服务大众,用品牌来吸引甚至取悦他们。

所谓鲜切生鲜,是以新鲜生鲜为原料,在清洁环境经分级预处理、清洗、整修、去皮、切分、消毒、保鲜、包装等一系列处理后,再经过低温运输进入冷柜销售的即食或即用制品。现随着人们生活水平的不断提高,还有生活节奏的加快,即食、即煮等方便食品已经成为了人们的一种消费时尚,受国内外消费者的欢迎,是国际蔬菜采后领域的新发展,也成为了我国蔬菜采后发展的新方向。

题名:味食先知
学校:华南农业大学
设计:郑利霞
指导老师:潘 云

评语:该作品能够以现代消费群的生活和消费习惯作为切入点进行品牌的构建,具有较强的市场价值,设计风格简洁明快,符合年轻消费群体的审美特点。在设计版面中具体的设计内容没能充分地表现出来。

题名：赤手空拳·手机壳装饰系列设计
学校：西北农林科技大学
设计：储　榕
指导老师：卓　婧
评语：该作品主题能够较好地结合当今市场特征和潮流，并运用现代感较强的设计造型及色彩等设计语言诠释品牌形象，并通过几个不同系列主题来构成整个设计。在同系列的作品中应注意表现技法的协调统一性。

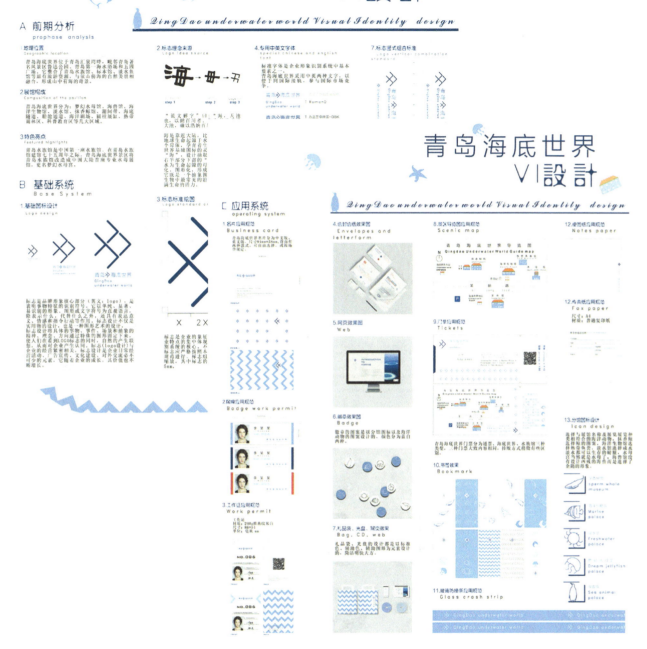

题名： 青岛海底世界 VI 设计
学校： 西北农林科技大学
设计： 邓婷婷
指导老师： 赵 焱

评语：画面设计简洁明快，色调协调统一，但在品牌构建策略上品牌名称不够清晰明确，应加强具有识别度的品牌名称，以区别同行业的竞争对手，凸显品牌效应。标志的组合方式中 LOGO 图像要素的重复使用稍显累赘。

珍藏版《安徒生童话全集》书籍装帧设计

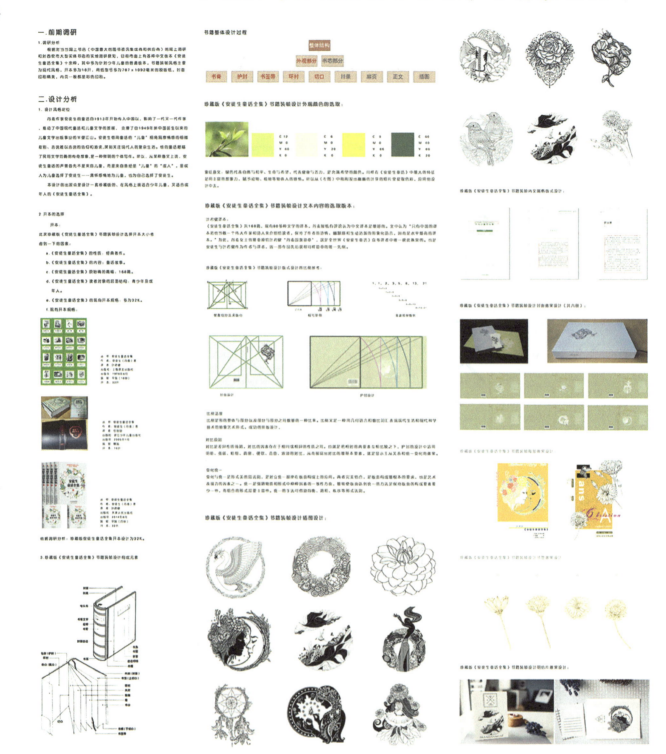

题名：珍藏版安徒生童话全集书籍装帧设计
学校：西北农林科技大学
设计：刘梦阳
指导老师：赵 焱

评语： 该设计对现有书籍形象进行重新设计，其选题有一定的想法，设计注重细节，运用点线面的构成形式和形式法则进行重塑。在设计中注意把控设计的整体风格，设计要素的表现形式及呈现风格可再加强协调统一的关系。

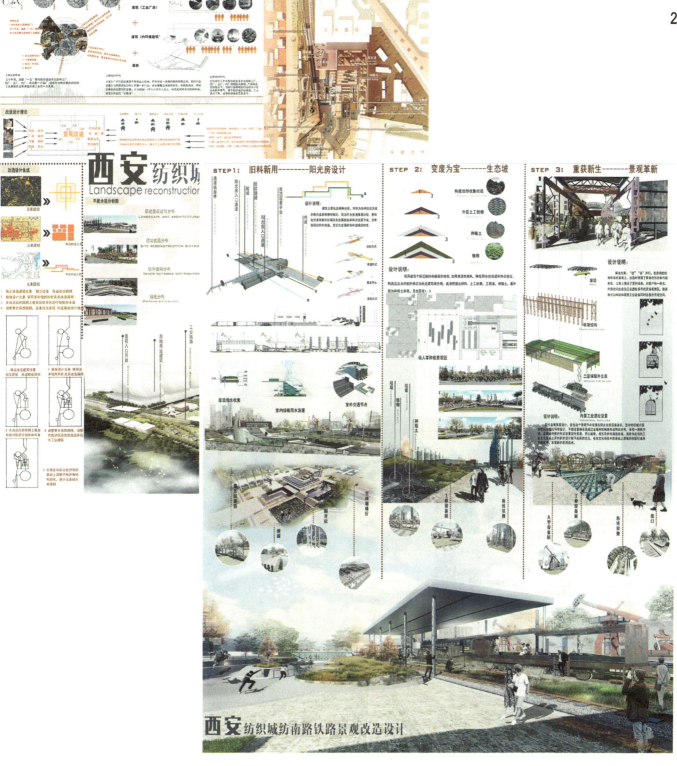

题名：西安纺织城纺南路铁路景观改造设计

学校：西北农林科技大学

设计：冯润琳

评语：设计图纸内容完整，在旧文化基础上，发展新的思想基础。立意明确，设计思路清晰，构思新颖，具有一定的应用价值，但是主体不够突出。

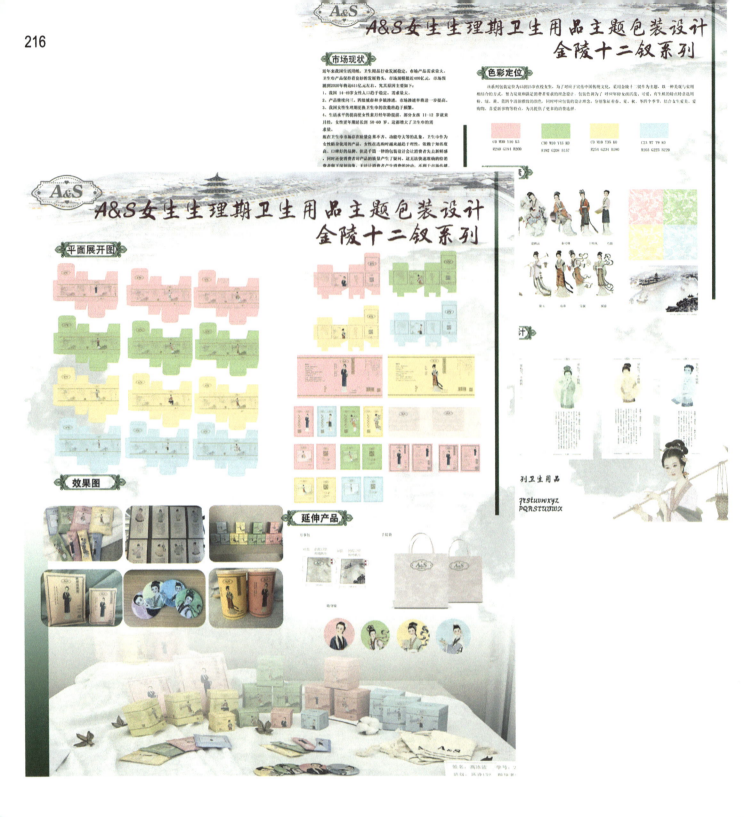

题名：A&S 女生生理期卫生用品主题包装设计

学校：西北农林科技大学

设计：高冰洁

评语：设计以美观与实用相结合的方式，宣传了中国传统文化。设计颜色清新淡雅，提供给顾客更多的选择，具有一定的经济价值。版面布局凌乱，整体风格不够突出。

题名：KEIKO·卡通品牌及衍生品设计

学校：西北农林科技大学

设计：李惠子

指导老师：卓 婧

评语：该品牌设计风格时尚轻松，设计效果具有活力，适合品牌的设计定位，但在整个设计定位中品牌行业特征不够明确，周边设计在版面中体现不够充分。

"秦岭有蜜"品牌包装策划设计
PACKAGING PLANNING AND DESIGN OF QINLING "YOUMI"

A 背景来源

杨凌思创农业有限公司，依托于西农enactus创行团队的秦岭助农公益项目"农情蜜意"成立。公司以经营真正优质的秦岭土蜂蜜（中华蜂所产的百花蜜）为主。蜜源地位于陕西省周至县安家岐乡红旗村（秦岭自然保护区内），是当地的贫困村。团队致力于大学生践行企业家精神，结合学科优势和当地特色中华蜂产业资源，对该村进行产业精准扶贫的创业实践。

B 标志设计

最主要就是要出现品牌形象文字，品牌形象文字起着重要的作用。因此，对文字的设计必须精益求精，以增强这一产品在消费者心目中的品牌形象。后来修改的设计的标志是以文字为主要视觉元素，在此基础上添加了蜜蜂的抽象图形，使整个标志看起来更加完整和有趣。是以有蜜的拼音形式呈现"youmi"再加上蜜蜂的抽象形象，和有蜜的英文名字"honey hunter"相结合所形成的标志。颜色分别为两种颜色：C:0 M:23 Y:100、K:0;C:50 M:70 Y:80 K:70

C 包装盒设计

1. 图案选择

2. 色彩选择

黑色：C:0 M:0 Y:0 K:100
橙色：C:0 M:23 Y:100 K:0
棕色：C:50 M:70 Y:80 K:70
黄色：C:0 M:23 Y:100 K:0

3. 包装盒展开图

4. 瓶贴设计

D 包装盒效果图

第六部 视觉传达篇

题名：秦岭有蜜·品牌包装策划设计
学校：西北农林科技大学
设计：师天玮

评语：方案设计基本完整，通过增加蜜蜂的抽象图形，使整个设计更加形象、生动。配备文字为主要设计元素、稳重的深色调使得整个设计协调。不足之处：整体设计略显沉闷，可以适当增加一些活泼的因素。

Eye Care Club

基于疾病视觉的图形创意设计
Interdisciplinary study on visual design based on the disease visions

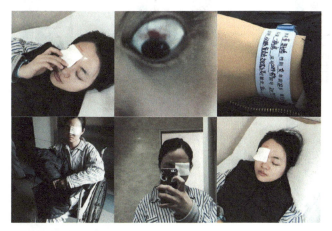

我的创作灵感来自我的个人经历。
从7岁开始我便戴上了眼镜，
到了青春时期以达高度近视并伴随着高度散光，
在22岁的时候查出患有圆锥角膜病变的风险。
在医生的建议下做了手术，
但手术因需虹膜穿孔留下了后遗症，
现在的我看到的世界会比正常人多一个光圈。

随着睫毛煽动，恍恍惚惚的光圈像一只白色蝴蝶翅膀在我眼前。
我也曾想，为什么我看到的世界是这样。

通常我们所做的艺术设计作品多是以一个正常视觉的视角出发。
本课题在疾病视觉的研究与分析的同时，与图形创意设计相结合，
将疾病视觉以一种新的赋有活力的图案形象展现出来。

题名：Eye Care Club
学校：北京林业大学
设计：董斯洛
指导老师：程亚鹏

评语：该作品选题及立意新颖，具有较强的人文关怀气息，以自己的亲身经历为创意来源，借助疾病患者的视角诠释设计的理念，并运用富有活力、且简洁明快的设计风格展现设计主题。该作品可再提升对于眼疾这一群体的真实体验感，如结合盲文元素进行整合设计，也许能够更能够充分体现主题的立意。

视觉传达篇 第六部

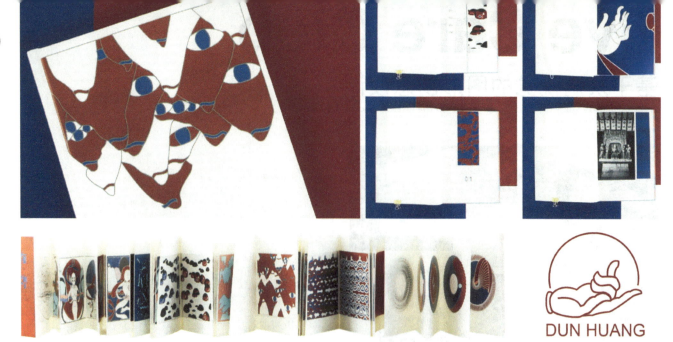

第六部 视觉传达篇

题名：敦煌

学校：北京林业大学

设计：史兵兵

指导老师：高丽娜

评语：作品中能够运用典型色彩设计和图形语言对敦煌文化进行一系列的设计推广，较为生动地展现敦煌文化风韵，应注重设计要素表现风格的统一协调性。

题名：varorwave
学校：北京林业大学
设计：林奕彤
指导老师：王　瑾

评语：设计视觉冲击力较强，但色彩搭配不够统一，一些文字的重复使用略显累赘，设计说明不够完善。排版中规中矩，缺乏艺术效果。

设计说明：作者作为一个土家族人，有意将土家族织锦"西兰卡普"让更多的人知道、了解。传统的土家族织锦纹样与现代设计手法相结合后得到全新的图案，将此运用到重庆土特产品牌"阿蓬江"，不仅让"阿蓬江"更具有品牌识别性，且能更好的继承和发扬土家族民族文化。

视觉传达篇 · 第六部

题名：阿蓬江·品牌形象设计

学校：北京林业大学

设计：温梦圆

指导老师：尹言

评语：设计内容完整，设计运用重庆土特产品牌"阿蓬江"，使品牌更具有识别性，体现了土家族民族文化特色，版面单调，视觉冲击力较弱。

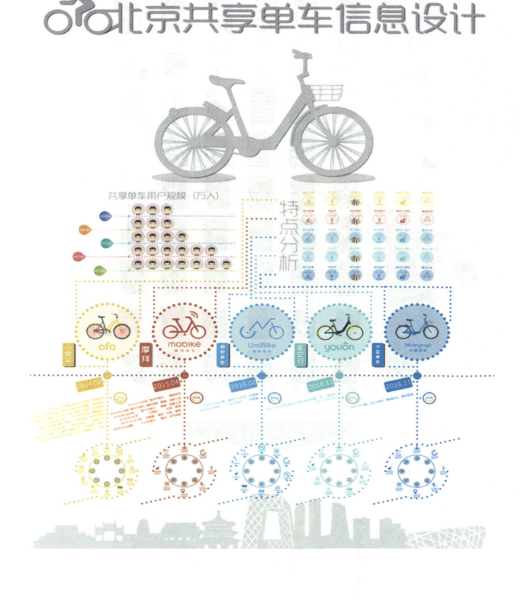

题名：北京共享单车信息设计

学校：北京林业大学

设计：张云鹏

指导老师：刘长宜

评语：设计内容新颖，主题明确，立意清晰。但是整体色调不够协调，文字描述不够完善，画面排版布局过于简单，内容不够丰富。

题名：——

学校：北京林业大学

设计：周丽娜

指导老师：胡贤明

评语：该设计缺少题名和文字说明，立意、构思不清，版面较为凌乱，主体不够突出。

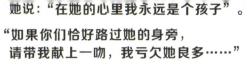

她说："在她的心里我永远是个孩子"。

"如果你们恰好路过她的身旁，
请带我献上一吻，我亏欠她良多……"

1　来不及领教世界的凶顽
　　就得到了你给的重生和温存

2　疯子是真的疯
　　可是你没疯
　　为什么疯了似的守护我

3　阳光真的很好
　　空气像是洗衣粉洗过一样
　　有洁净的清香
　　安静的午后
　　光柱里漂浮着的灰尘变得异常的明亮

4　好多好多辫子
　　心灵手巧的你成就了被小伙伴羡慕的我
　　成就了我五彩斑斓的童年

5　快闭上眼睛睡觉了
　　窗外有怪物要来抓
　　不睡觉的小孩了

6　什么都有期限么？
　　燕儿春去秋来
　　现在你也不在了

7　一年，三年，五年
　　等差数列的相见时间
　　每次不变的都是"这些都是我的"
　　你说这是你能给我的爱啊！

8　我喜欢亲你的额头，
　　你喜欢吻我的眼睛
　　离别时，再见时，
　　约定好的六个吻。

9　孩子学会的第一声"妈妈"
　　而我确是"奶奶"
　　所以你是我的"妈奶"

你住在泥土里，我住在天空上
一声呼唤即能相认
我的梦从此有了美名

题名：你住在泥土里我住在天空上
学校：北京林业大学
设计：贾睿晴
指导老师：李汉平

评语：该设计色彩搭配协调，文字描述清晰，但立意、主题不够明确，版面欠缺美感，视觉冲击力不足。

题名： 印刷设计

学校： 北京林业大学

设计： 陈 为

指导老师： 李湘媛

评语：设计主题以当下流行语作为设计对象，有一定的创新性，将无形语言元素进行视像化的设计，版面设计感较强，简洁明快，并充分结合不同开本、纸张材质以及装帧方式进行设计。

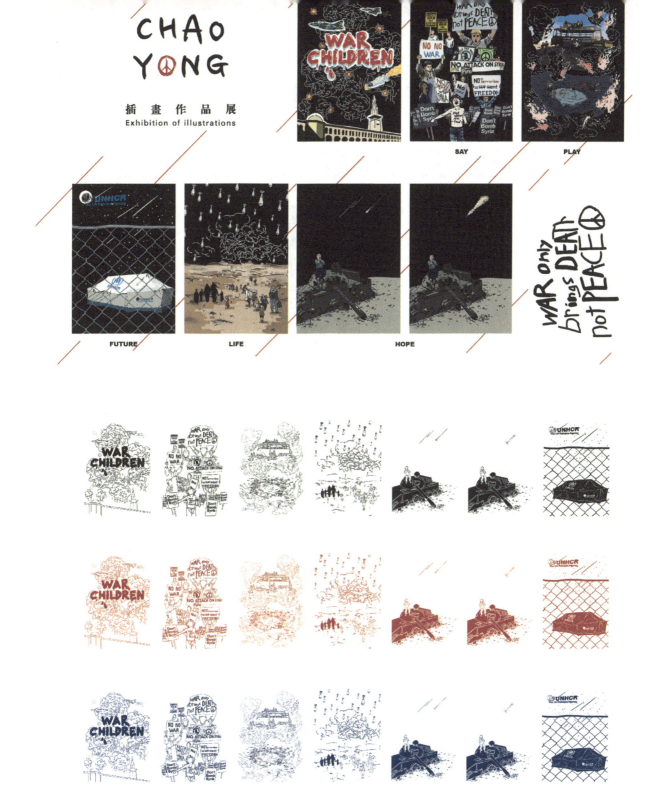

题名：插画作品展
学校：北京林业大学
设计：江超永
指导老师：高　阳
评语：该作品通过插画设计的艺术表现形式对战争与和平主题进行诠释，立意有一定的高度，设计表现手法较为灵活生动。作为系列作品，从画面的构成及构图关系可再加强整体性，并可提升细节的刻画及表现。

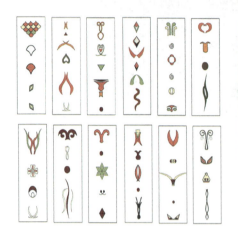

题名：十二月神主题系列图记

学校：北京林业大学

设计人：马莉倩

指导老师：程亚鹏

评语：作品以十二月神作为设计对象，进行一系列的图形设计，选题有一定的创意，充分运用了色彩调和手段构建色彩关系，设计色彩较为协调，设计风格把控得当，图形设计造型形态可加强整体性。

题名：肖像画·插画设计
学校：南京林业大学
设计：黄燕婷
指导老师：纪园园
评语：该系列插画设计运用大家熟知的世界名画为设计对象，构思大胆，通过现代简约的几何图形进行画面的重塑，并运用设计色彩的调和手段进行色彩的表现，设计效果整体统一，并能够较为准确地塑造每张画面的人物特征。胡须面部五官的局部细节上可以再深入刻画。

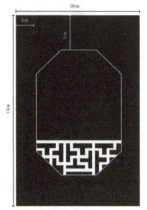

题名：纸呓·敦煌图形衍生品设计与推广
学校：南京林业大学
设计：金晚军
指导老师：王 颖

评语：作品将敦煌文化作为图形设计的主题，选题有一定的意义，设计语言简洁，风格统一协调。设计中敦煌文化的个性识别度需要再提升，并可添加些简洁明了的文案进行设计，可提升设计的目的性，从而更好地进行敦煌文化的推广。

"雲錦小物"文創產品設計

[絲巾]

[棒棒糖]

[圓扇/印章]

[鑰匙扣]

[化妝鏡]

[杯墊]

[布藝卡包/鑰匙包]

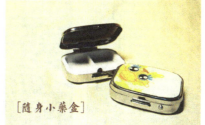
[隨身小藥盒]

[透明書籤]

题名：云锦小物·文创产品设计
学校：南京林业大学
设计：王慕然
指导老师：杨 杰

评语：该作品以南京云锦博物馆的珍藏服饰品中汲取设计元素，运用现代化Q版矢量图设计风格，将传统元素进行重新设计，风格轻松可爱，色彩协调统一，设计创作有一定的应用价值。作品中的设计元素表现手法和风格上需要加强协调性。

题名：二十四节气插画设计
学校：南京林业大学
设计：王 渊
指导老师：冯晓娟
评语：该设计目标明确，内容基本符合要求，作品表达完整且较有美感，凸显地域文化特色，有一定的社会意义。版面布局合理，但设计说明没有完善。

第六部 视觉传达篇

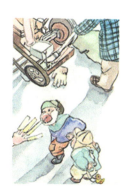

题名：策长沙·图形创意设计与应用

学校：南京林业大学

设计：谢 彰

指导老师：周杨静

评语：作品通过对长沙的城市形象设计，体现了对生活的关注，设计理念清晰，作品形象完整。版面布局合理，但整体设计美感不足。

视觉传达篇 第六部

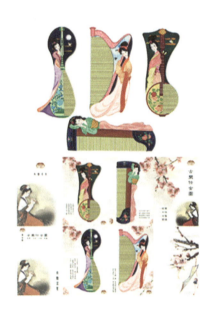

题名：古乐仕女·梳篦系列设计

学校：南京林业大学

设计：张凌燕

指导老师：冯晓娟

评语：作品形象完整且有较好的美感，细节处理完善，功能合理，具有一定的应用参考价值。但是版面布局较凌乱、逻辑性不够，视觉冲击力较弱。

题名：秦淮奇巧录
学校：南京林业大学
设计：张瑜清　胡琳怡
指导老师：冯晓娟

评语：作品运用扁平化的表现技法诠释传统文化题材，有较强地现代设计感，风格简洁轻松，将传统文化要素进行插画再现，能够更有效地吸引年轻受众群体，并达到传统文化传承的作用。设计中色彩的应用可加强色彩的明度或纯度的调和关系，达到更加协调的视觉效果。

视觉传达篇　第六部

線裝佛經書法套集

《墨香無住》歷代名家金剛經 書籍設計

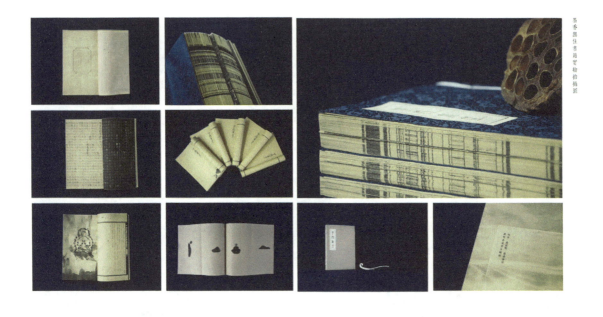

《墨香無住》一涵五冊，其中包含了柳公權、黃庭堅、趙孟頫、董其昌、傅儜五位著名書法家手書的金剛經。"墨香"是指喜愛書卷散發出的淡淡油墨味或是寫毛筆字時濃墨的味道，而"無住"則是《金剛經》的主要思想。金剛經中多次提到"應無所住"。

《墨香無住》這套書的意義在於借鑒古代書籍裝幀形式，融入現代的書籍設計形式中，探索既傳統又現代的書籍形態，使傳統文化能夠被現代讀者接收與喜愛的書中所有的墨跡、墨跡和肌理都是通過本人製作出的自然肌理，悅而與主題相得。

《墨香無住》的裝幀形式是通過古籍線裝書呈現的，印刷紙張採用仿古宣紙，並採用六眼穿線，將現代的設計方法融入古籍的裝幀形式中，既傳統又不失典雅，創新又不失品味。其主要內容是顯絡墨代書手書的金剛經，五位書法家排列，全書採用現代的字體不盡相同，因此按照潤源說起來，五位書法家排列，全書採用現代的字體不盡相同，因此按照銅代來給五位書法家排列，全書採用現代的字體發黃的紙張，隱約的紙纖維紋，不小心碰撞樣的墨漬，這些都見證了時光斬斬的光陰流理。

書籍尺寸為：187*292*100（含函套金）
185*290（單本）
右側六眼線裝訂

書香無住書籍實物拍攝圖

第六部 視覺傳達篇

題名：線裝佛經書法套集
學校：南京林業大學
設計：周先琪
指導老師：楊 杰

評語：設計方案基本完整，對佛經書法套集重新包裝，封面設計簡單、明了，令讀者一目了然。不足之處在於整個方案停留在表面設計階段，對於材質和工藝沒有涉及。

草木无言 诗经植物图案设计

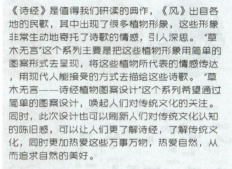

设计说明：

《诗经》是值得我们研读的典作，《风》出自各地的民歌，其中出现了很多植物形象，这些形象非常生动地寄托了诗歌的情感，引人深思。"草木无言"这个系列主要是把这些植物形象用简单的图案形式去呈现，将这些植物所代表的情感传达，用现代人能接受的方式去描绘这些诗歌。"草木无言——诗经植物图案设计"这个系列希望通过简单的图案设计，唤起人们对传统文化的关注。同时，此次设计也可以刷新人们对传统文化认知的陈旧感，可以让人们更了解诗经，了解传统文化，同时更加热爱这些万事万物，热爱自然，从而追求自然的美好。

题名： 草木无言·诗经植物图案设计
学校： 福建农林大学
设计： 于可欣
指导老师： 卓婧

评语： 该设计选题有一定的新意，并结合现代插画的表现技法将诗经的章节中植物形象生动地再现，从而寄托诗歌中的情感，以及对传统文化的图示化传承。作品中设计表现风格协调统一，但个别色彩可从纯度及明度关系上加强其协调性以达到更加完善的效果。

题名：孔城老街·视觉识别系统设计

学校：福建农林大学

设计人：许凤玲

指导老师：杨 静

评语：设计目的明确，内容表达完整，通过黑红的色彩对比，有较好的表现形式。版面布局合理，视觉冲击力较强，风格整体统一。

题名：礼门神也·主题插画创作及其运用
学校：福建农林大学
设计：吴敬茹
指导老师：杨 静

评语：该设计选题有一定的新意，并结合现代插画的表现技法将诗经的章节中植物形象生动地再现，从而寄托诗歌中的情感，以及对传统文化的图示化传承。作品中设计表现风格协调统一，但个别色彩可从纯度及明度关系上加强其协调性以达到更加完善的效果。

设计说明

"守畲"茶饼包装设计主要从畲族纹样进行图形色彩提取设计，从畲族的大山，动物花草等传统纹样提炼，组合，采用了畲民服装的主色调藏蓝与手绘线条的融合，以独特的结合方式吸引消费者，又与产品紧密结合。"守畲"茶饼品牌形象设计希望通过品牌包装的形象推广，让人们重新认识茶饼这个产品，让茶饼走去福建，走出中国。也通过茶饼这个产品认识畲族这个大家庭，传承和发展畲族文化。

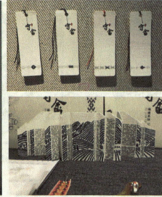

题名：守畲·茶饼包装设计
学校：福建农林大学
设计：陈美玲
指导老师：林　海

评语：作品色调协调，以畲族图形和色彩为主题元素设计，凸显了对传统文化上的创新，形象完整且有较好的美感，版面布局设计基本完整。

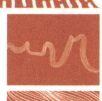

题名：长面百岁·闽南线面包装设计

学校：福建农林大学

设计：苏燕玲

指导老师：王 倩

评语：该毕业设计以闽南线面包装为主题，设计分析全面，思路清晰，功能基本符合要求，整体风格较为突出，具有较强的艺术效果。

"菇色"红菇品牌包装设计

设计理念：

随着人们的消费水平不断提高，人们对商品的价格已不再是首要因素了，而是对商品的内在品质要求，包装外观要求越来越高。由于人们更加看重文化以及个性化的设计，这也使得很多传统文化逐渐体现在设计的思路与想法上，让人们眼前一亮。做到个性化以及创新化相结合。唯有做到原创的设计，才能达到消费者的消费理念。

受福建农林大学菌草研究项目启发，运用了福州闽戏结合福建天然野生红菇，针对出行旅游的游客做作的特产纪念品，很符合我们福建福州的特色。菇色的包装设计不仅仅是包装结构，更是对文化的了解和宣传。"菇色"红菇品牌包装主要是以"红色"，红菇本身固有色结合，以创造形象鲜明、富有当地特色，风格独树一帜的包装。

希望通过本次包装的设计，使市场上对红菇包装的设计能有更新潮更地域化的设计。使得"菇色"红菇"菇中之王"的美名更加突显出来。

"菇色"品牌包装设计——包装展开图

辅助图形设计：

图1 效果图展示

图3 "菇色"红菇包装套盒

图4 "菇色"红菇组合装

图5 "菇色"红菇包装 小盒装

图6 "菇色"红菇包装手提盒装

"菇色"品牌包装设计——实物展示

视觉传达篇 第六部

题名：菇色·红菇品牌包装设计
学校：福建农林大学
设计：林若绮
指导老师：傅宝姬
评语：品牌定位从农产品行业出发，结合传统文化要素进行产品包装的新形象设计，设计视觉效果协调统一，能够针对各类不同量度的产品进行盒型设计，包装设计的结构类型较为丰富。设计表现手法上可增强时尚感及时代特征。

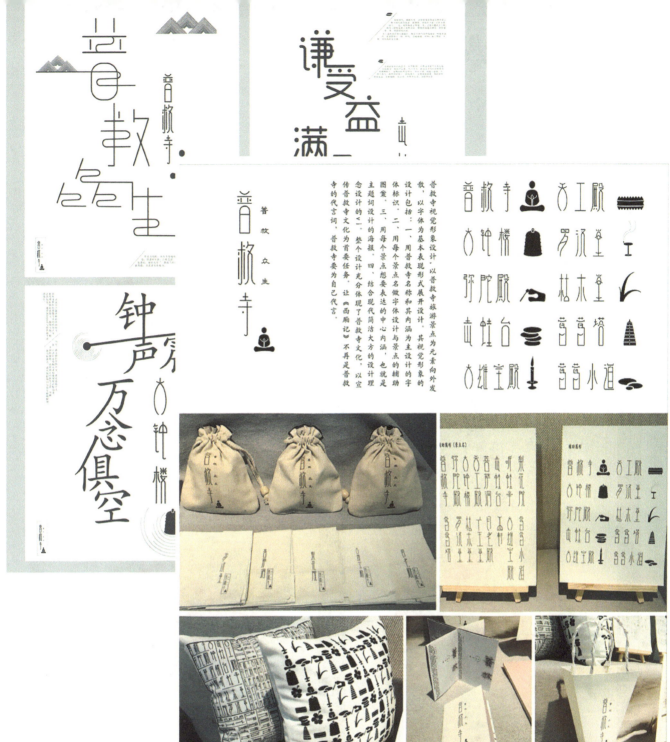

题名：普救寺视觉形象设计

学校：福建农林大学

设计：田晶惠

指导老师：徐洪德

评语：设计主题明确，作品形象设计完整，文字设计新颖突出。排版布局基本完整，但逻辑性不强，风格不够突出。

题名：食间·福州鲤鱼饼品牌形象包装设计

学校：福建农林大学

设计：张婷婷

指导老师：徐洪德

评语：本设计以福州鲤鱼饼品牌形象包装为主题，理念先进，内容丰富，版面布局设计合理，文字设计新颖。版面视觉冲击力较强，整体风格表达充分。

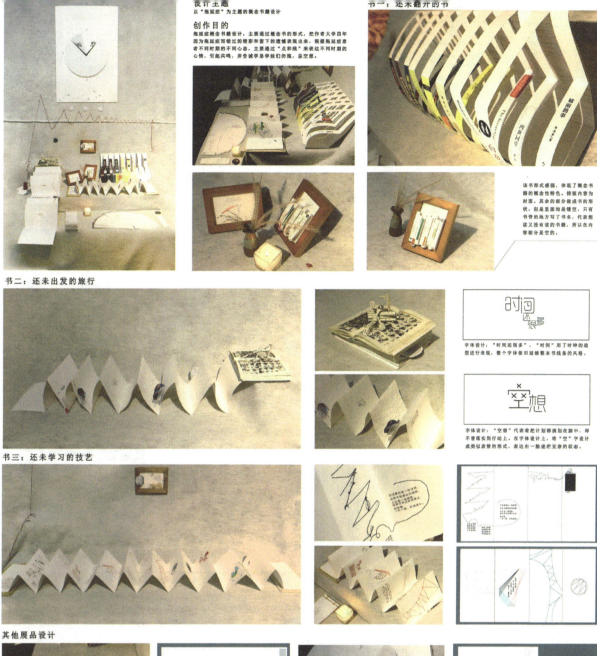

题名：拖延症概念书籍设计

学校：福建农林大学

设计：谢钰莹

指导老师：王 倩

评语：利用概念书籍的形式表现当今时代的一些社会现象，选题视角较为新颖，有一定的创意构思。设计表现上时尚感和设计感较强，在设计中大量运用多维度及交互设计。

归青 GUI QING

设计理念

"归青"鲁青瓷工坊品牌形象设计突出了青瓷独有的设计造型，基本色调，文化特征等，设计特点以简洁、清晰的设计手法为主，塑造了鲜明、良好的品牌形象，传达出商品特点的视觉效果。

此品牌的设计以鲜明的色彩、明确的图形发挥视觉识别效应，产品上明确的标志及图形无时无刻不在向消费者传达商品的特性。将事物的文化底蕴、地域特色、抽象的精神内容以具体可见的造型、图案表达出来。

设计的意义在于良好的品牌形象能够引起消费者的注意和兴趣，人们对品牌的偏好基本都是从视觉感受中获得的，也是确立在消费者心中主要地位的途径，所以树立良好的品牌形象是非常必要的。建立在消费者心中鲜明的企业形象，将品牌信息与目标消费者达到心里共鸣，从而推动产品销售和鲁青瓷在消费者心目中的文化艺术价值。

辅助图形设计

实物效果展示

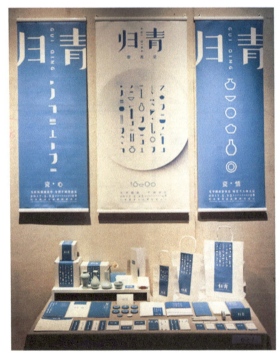

第六部 视觉传达篇

题名：归青·鲁青瓷工坊品牌形象设计
学校：福建农林大学
设计：杨明洋
指导老师：林 海

评语：作品形象设计完整且有较好的美感，作品设计以鲁青瓷工坊品牌形象为主题，合理运用颜色、图形、文字等元素，体现了对人及生活的关注。版面布局合理，整体风格突出。

设计说明] design notes

"我小时候吃过的糖"、"我小时候玩过的玩具"网络上经常会出现这样的话题。很多人离开了土生土长的小地方，去往更为繁华、先进的城市学习、生活甚至安家立业，儿时的回忆就成了一种情怀。本设计一共撰写了三段关于儿时对于永泰回忆的故事，配以三副插画，营造出一种安逸闲适的总体感觉，符合李干休闲小吃的定位。颜色和排版都趋向于文艺风，整个设计安静耐看，希望与消费者在精神上达成共鸣。

logo设计 / logo design

文案 插画 /document illustration

展开图 实物图] developed pattern　physical map;

题名：李芙蓉·永泰李干包装设计
学校：福建农林大学
设计：郑皓耘
指导老师：林　海
评语：该设计品牌定位较为准确，运用点线面的构成形式的插画设计创作进行辅助图形的设计，生动地再现了品牌的故事性，赋予一个零食产品更丰满的情感。作品中主要的设计要素的系列性表现上可以再加强。

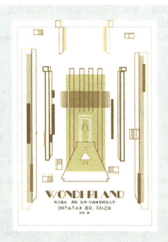

海報設計

場景原畫設計

推廣設計

書簽

設計說明

故事設計

從无到有的一个设计过程，由脑海中的第一刻产生的第一个印象物体衍生出一个故事。当时的场景限定在宿舍，我脑中出现的第一意象是书籍。通过这一个点，经过思维发散，我有了一个关于异世界的故事。结合我自己想制作表达的喜爱特效，加上大学期间学习的艺术表达，我分别设计了场景与人物动画营造我想表达的情感叙事风格。之所以不单制作特效，是觉得特效放在一个情景中能更好的表现自身，于是我想出制作简单的一个2D动画短片，类似游戏片头那样，讲述一个故事的同时展现特效。这样便不至于让观众感到枯燥乏味，不知所云。

制作流程

确立故事大纲——手绘故事版——原画设计——软件制作

 徽章    信封

题名：网络游戏角色与场景特效设计

学校：中南林业科技大学

设计：曾　微

指导老师：柳丝雨

评语：设计目的明确，方法合理，形象完整且有较好的美感，有一定的应用参考价值。但版面布局略显呆板，整体风格不够突出。

设计介绍 First meet

知星Planet是为孤独者而设计的匿名社交软件。把相同兴趣、爱好和渴望找到同类的人聚集到一起。让用户从中可以找到认同感。知星使用独特的界面元素成为了设计的重点。"个人化定制"是知星追求的设计核心：每个用户都有自己独特的界面让使用体验一直保持新鲜感和惊喜感。让用户个性化需求的满足。"人生难得一知己，千古知音最难觅"知星追求帮助用户寻找这种可遇不可求的知音。软件引入心理测试，缩小用户相互搜索的范围。帮助用户更好筛选。不仅如此，还精心打造图片分享、音乐分享、图书电影心得分享等功能。改善用户的社交体验。打造优秀软件平台。

题名：知星·社交媒体软件界面设计

学校：中南林业科技大学

设计：何明轩

指导老师：杨铮铮

评语：该设计色彩对比强烈，采用3D视觉设计，视觉冲击力强，有一定的应用价值。版面设计整体风格明显。

简介

毕业是每个大学生都要经历的，寒窗四年终于迎来了这样一天。
而对于艺术设计专业的大学生来说，毕业设计展是对自己大学生活的一个总结，
也是开启走向社会的第一个锻炼方式，其意义不言而喻。
针对现代大学生喜欢追求个性突出、心态开放、喜欢明快的事物等特点，
制定了"不可思议"这个主题。
如何通过这个主题来更好的宣传这次设计展，制作出一套完善的VI方案，是我的主要设计目的。
为符合主题营造出奇妙、有趣、有探索性的感觉，整个LOGO的整体是一个对话框的形状，中间加
入了博士帽和放大镜的图形，简略了部分字体笔画。

VI应用部分

题名： 毕业设计展形象设计及推广

学校： 中南林业科技大学

设计人： 孙欣瑞

指导老师： 曹 阳

评语： 设计主题针对毕业设计展进行视觉的推广设计，有较强的针对性和实用性，设计个性突出，大量运用互补色及高纯度色彩进行色彩的建构。在设计效果上应注意多套色的色彩协调度把握。

海报设计

设计说明

品牌诠释：
　　万花筒品牌标志命名为美刻"，表示瞬间，短暂的时刻。寓意瞬息万变精美绝伦。

包装设计：
　　该万花筒玩具包装强调区分以往为儿童设计的款式，共有10种盒型设计。外包装设计上，依据色光原理及棱镜原理设计出的图形，其灵感来源于万花筒内的填充物，排列组合设计方式及色彩的搭配寻有所源。

海报说明：
　　海报的设计灵感来源主要采用原理式解析法结合较为抽象的图形来表现，通过对万花筒的使用进行拆分，将其分为三个步骤。第一张海报是以万花筒孔眼为原型；第二张海报是以万花筒的筒身为原型；第三张海报体现的是万花筒的观察原理，表示眼睛通过三棱镜的反射就能看见绚烂的万花筒世界。

设计意义：
　　通过新颖的包装设计以及DIY形式将万花筒这一玩具进行推广，吸引更多的年轻人了解和把玩万花筒。万花筒成像不仅能让我们用不同的视角审视世界，还能给予灵感和创意。从更加深远的角度来看，是希望现在的年轻人能放下手中的高科技产品，关注一下童年的玩具，不要让他们成为孩子们的专利。

周边展示

手机壳设计

徽章设计

包装盒图形设计与展示

盒型展开图

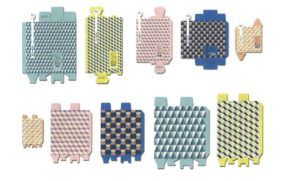

盒型实物图

题名：万花筒包装设计及推广
学校：中南林业科技大学
设计：吴　融
指导老师：周　灿

评语：该作品主要针对儿童受众群的玩具进行一系列的包装设计和推广，在设计中能够根据产品形态和特性进行盒型结构的设计，色彩设计方面也能达到和谐统一的效果，但辅助图形的设计表现与受众群体的年龄及心理特征需要再斟酌。

系列T恤图案设计

设计说明

鬼怪题材一直是我比较感兴趣的点,一直以来便想着画出一套角色,正好借此机会,毕设的T恤图案设计正好满足了我的心愿。

在庞大的《山海经》山系鬼怪里,我特意选取了八个不同的异兽,他们分别代表美好、暴怒、胆怯、公正、防火、凶残、战争、大旱。四正四恶,亦正亦邪,代表着人性社会的平衡。

图案设计

成品展示

第六部 视觉传达篇

题名: T恤图案设计

学校: 中南林业科技大学

设计: 宿瑞轩

指导老师: 刘 丹

评语: 作品将山海经作为创作的背景,从中选取代表性形象进行设计创作,运用扁平化表现手法进行设计,设计风格和色彩较为统一协调。

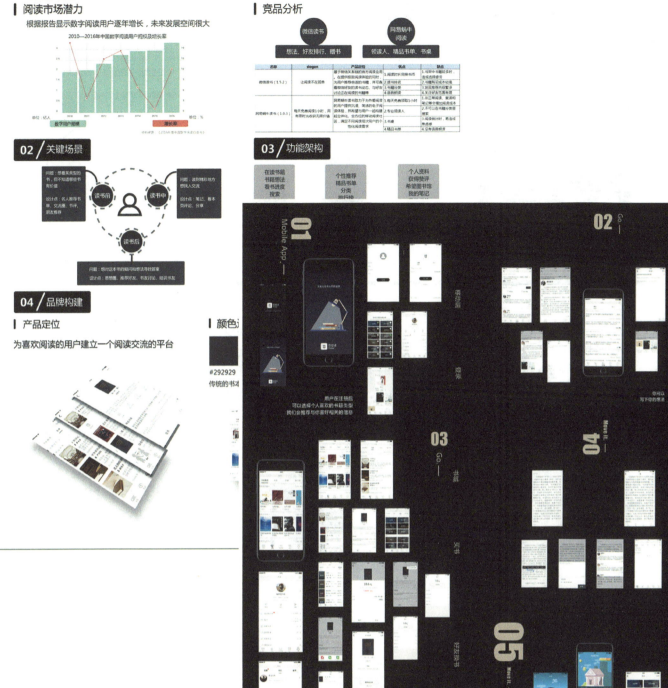

题名：思想者

学校：中南林业科技大学

设计：杨晨光

指导老师：杨铮铮

评语：设计前期分析翔实，步骤合理，设计理念清晰。但版面凌乱，逻辑性不强，整体风格不突出。

相关物料设计

策划方案说明

本方案是针对lativ诚衣这一服装品牌进行品牌推广，提升其内地知名度，扩大品牌影响力。

本方案以lativ诚衣的"平价且高质量"这一品牌调性作为推广突破点，确定以"丢个面子"为活动主题。"丢个面子"有两层含义，第一，"面子""代表"名牌"，丢个面子指丢掉买衣服总是一味追求大牌的含义，在服装选择上注重性价比。第二，面子也指生活中的面子，即所谓的虚荣感，放下面子，追寻真正适合自己的东西。

此次活动意在号召消费者不仅要理性消费，不盲目追逐大牌，更要在生活中放下面子，遵从内心。

部分策划案　　　　　　　　　　　　　**海报设计**

线下优惠券

部分HTML5

观看全部HTML5内容
请用微信扫上方二维码

第六部 视觉传达篇

题名：lativ 诚衣品牌推广策划

学校：中南林业科技大学

设计：慈淑霞

指导老师：许安娇

评语：设计构思新颖，图形设计形象完整且有较好的美感，版面布局合理，主次不够明显，版面视觉冲击力不强。

海报展示

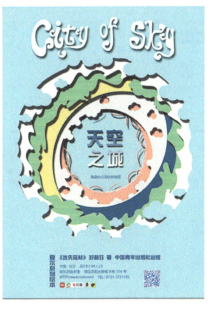

内页展示

实物展示

（封面）　　　　（立体设计）　　　　（内页）

设计说明

故事框架：
　　夏尔系列丛书的故事情节围绕主人公夏尔——展开。此绘本三册《地下城堡》、《迷失森林》、《天空之城》分别讲述了夏尔的友情、爱情及亲情。内容涵盖夏尔在地下城堡勇救小老鼠巴里并成为朋友，在迷失森林与精灵维拉邂逅爱情，在森林之城克服万难与父母相遇。

绘本个性和特点：
　　1.该系列绘本穿插运用剪纸的效果来展示绘本的故事内容。图形为主文字为辅的设计形式让阅读者放松身心。绘本依据故事情节变换情景、人物、色彩等。
　　2.在绘本的装帧艺术上裁剪及装订方式区别于一般绘本，穿插立体裁剪故事让读者感受互动乐趣。

绘本的海报推广：
　　海报的图形形式采用剪纸并叠加的效果，让人有一种层层递进、深入的感觉。风格内容分别对应绘本的故事内容：地下城堡——岩石；迷失森林——森林；天空之城——云层。

绘本设计意义：
　　该设计作品信息设计多样化，符合绘本趣味。借此设计者希望能让家长们关注我们国内所为孩子们创作的立体绘本，让大家能够回归感受纸质书阅读的快乐，培养孩子们从小阅读的习惯，让人们爱上书籍的海洋。

周边推广

（纸雕盒）　　（书签）　　（鼠标垫）　　（胸章）

题名：回本设计及推广
学校：中南林业科技大学
设计：郑馨珏
指导老师：周　灿

评语：该设计以绘本三册为主题，设计根据故事情节对人物和色彩进行分析，设计理念清晰且有较好的美感，视觉冲击力较强，对使用对象有较强的吸引力。

题名：校园小助手 APP 界面设计

学校：中南林业科技大学

设计：孟　璇

指导老师：曹　阳

评语：设计方向明确，设计内容基本符合要求，作品颜色简洁美观，有一定的社会意义。

题名：平遥古城形象推广与视觉设计

学校：中南林业科技大学

设计：张旭俊

指导老师：缪玉波

评语：设计以平遥古城为对象进行形象图形设计，形象特征明显，有较好的商业应用价值。排版布局合理，版面冲击力强，色彩统一，整体风格明显。

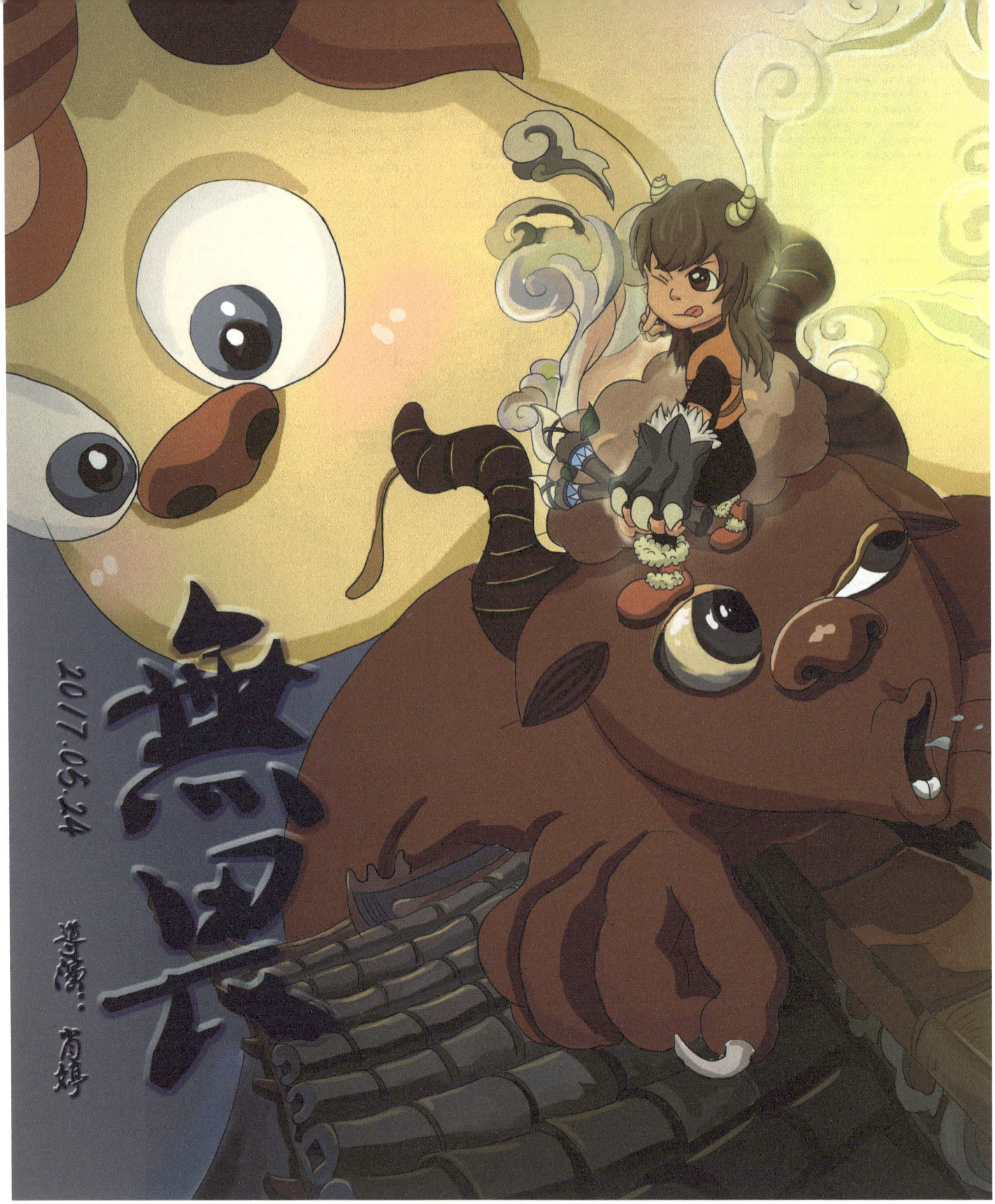

题名：无　畏
学校：福建农林大学
设计：肖　婷
指导老师：吴文娟

评语：该作品通过适当的形象夸张和人物体量对比突出了主题。海报构图具有较强的视觉冲击力，细节丰富。但字体设计有待加强。

题名：猫头鹰 &truth
学校：福建农林大学
设计：林　佳
指导老师：余　静
评语：作品用几何形体概括和突出了动物的形象，设计简洁明快。海报的故事性较强，情境引人入胜，富有趣味。

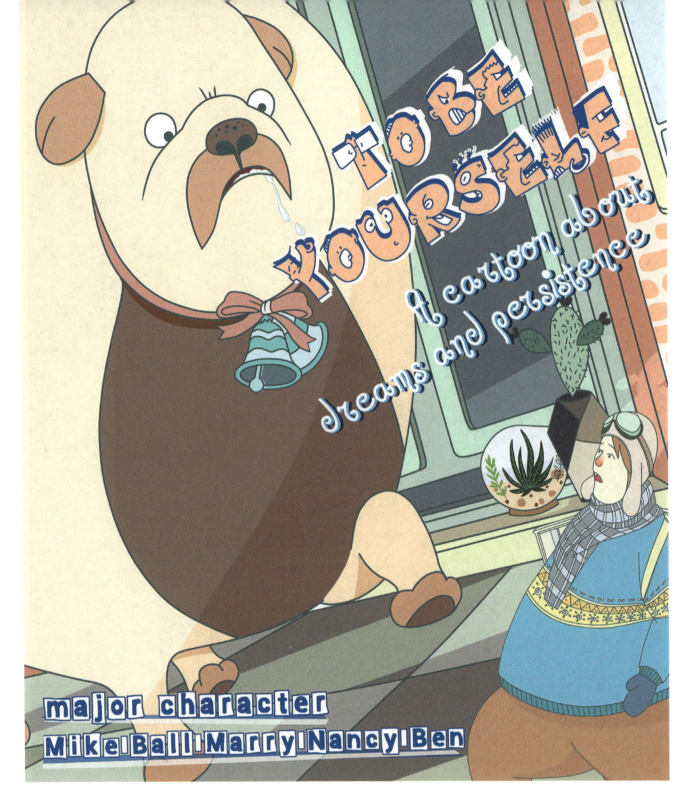

第七部 动画设计篇

题名：to be yourself

学校：福建农林大学

设计：陈思妍

指导老师：吴文娟

评语：此作品细节丰富而不杂乱，造型设计比较大胆，其美式动画风格与主题、文字相得益彰。

题名：hot issue
学校：福建农林大学
设计：陈佩云
指导老师：卓　芽
评语：该设计用色大胆，采用强烈的饱和度对比、冷暖对比等手法，抓人眼球。画面趣味性较强。

题名：赤眸

学校：福建农林大学

设计：黄伟杰

指导老师：吴文娟

评语：该设计海报故事性较强，十分突出主题。字体设计能看出作者的用心。但形象设计上带有恐怖感，受众群体受到一定程度的限制。

题名：界
学校：福建农林大学
设计：李铭馨
指导老师：吴文娟
评语：该动画海报字体设计是一亮点，但其风格与海报画面主体略有脱节。少女形象可人，温和美好，球体中的少女画法与球体外的少女有明显区别，体现出"界"这一两个世界的概念。

动画设计篇 第七部

题名：成 长
学校：福建农林大学
设计：李 旭
指导老师：王 婧

评语：作品采用"3D"技术，体现出作者在运用计算机软件进行动画设计的能力。动物的拟人化设计虽是动画中的常见手法，但在细节上有所创新。画面明快和谐，主题积极向上，如能在字体设计上再有深入或可进一步提高海报的设计水平。

题名：历练之旅

学校：福建农林大学

设计：刘金勇

指导老师：高 博

评语：设计主题明确，思路清晰，但版面颜色不够协调，文字形式美感不足，缺乏细节处理。

动画设计篇 第七部

题名：文具战争

学校：福建农林大学

设计：柳丽婷

指导老师：周　知

评语：场景布置在细节上有巧思。但角色形象设计的创新性有待加强，作品的立意不够高。

题名：拾 梦
学校：福建农林大学
设计：潘 琪
指导老师：吴文娟

评语：画面的神秘气息和夸张的形象设计突出了"梦"的主题。如能在人物结构、透视等方面与夸张的艺术手法之间取得平衡，或能在画面的美观度上有所提升。

第七部 动画设计篇

《穿行在丝绸之路上的植物》

《穿行在丝绸之路上的植物》是一个h5互动短片。采用了实拍与手绘相结合的方式,引导观者将动画部分丝绸之路上的植物送入到实拍的现代生活部分,成为文化传播的桥梁。通过该作品升华人们对那些为丝绸之路做出贡献的人的敬佩与感激之心。

第八部 数字艺术篇

题名:穿行在丝绸之路上的植物
学校:北京林业大学
设计:陈毓暄
指导老师:韩静华
评语:设计手法新颖,采用H5互动短片和交互影像法,具有一定的文化内涵和现实意义,在视觉表现和交互影像艺术方面具有可行性和参考价值。

《争·妍》是一个交互影像作品。以花卉的外表形态为视觉图形语言的基础,通过分形软件来进行分形花卉的创作,通过Processing编程技术下实现的交互影像进行展示。通过该作品验证了花卉分形图形视觉艺术表现的创新性与可行性和构建交互影像的创作模式与影像平台的可行性。

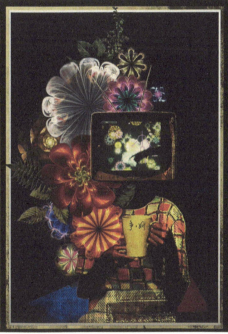
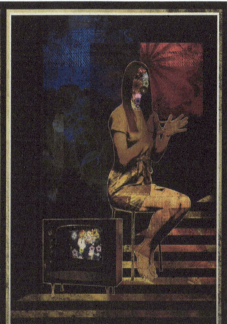

题名:争·妍

学校:北京林业大学

设计:王瑾雯

指导老师:韩静华

评语:设计手法新颖,采用H5互动短片和交互影像法,具有一定的文化内涵和现实意义,在视觉表现和交互影像艺术方面具有可行性和参考价值。

《Information age》

作品简介：

《Information age》一部提醒人们在驾驶过程中安全驾驶的公益性广告，手机等移动终端不断影响着人们的工作、生活。随着着智能手机的不断推广，手机也逐渐在给我们的生活增加负面影响。随着手机功能的不断丰富，人们对于手机的依赖也越来越强，这也导致了不管在任何地点，任何场合，大家都成为了一个个标准的"低头族"，手机似乎正在逐渐的变成一种精神的鸦片。产生的一系列社会问题也是本片创作的核心，其风格画面以卡通动画的形式对情节点进行表达，增强整片的趣味性，使传播性更加广泛。

题名：information age

学校：北京林业大学

设计：邓皓禹

指导老师：蔡东娜

评语：作品《Information age》画面风格简洁明快，以卡通动画的形式反应社会当下问题，创作方式独特，具有一定的幽默感。在画面细节处理上是否再考虑。

题名：九尾猫的故事

学校：北京林业大学

设计：李　丽

指导老师：秦　龙

评语：其设计画面感强烈，创作思路清晰，故事情节紧凑。简单的视觉、听觉元素的巧妙运用，使得矛盾更加突出、主题鲜更加明。在场景的丰富性上是否再考虑。

第八部 数字艺术篇

云鬟
日式云鬟录

作者：刘冠宇 王钰卓
指导教师：彭月橙

图标设计
Icon design

游戏设计
Games Design

作品简介
《日式云鬟录》以日本传统女性发式为主题，借鉴日本浮世绘艺术的表现手法，将日本的发式文化与交互的应用相结合，展现了不同历史阶段日本女性头饰的时代特征、装饰意义和审美取向。

樱花交互　平安时期　枫叶交互　江户后期
奈良时期　旁人　旁人　蝴蝶交互　江户前期　雪花交互

主页展示
home page

题名：云　鬟
学校：北京林业大学
设计：彭冠宇　王钰卓
指导老师：彭月橙

评语：该设计特色明显，能很好地反映日式云鬟文化。图标等细节的设计与主题结合紧密，同时又富有变化。游戏设计构思巧妙，可以很好地吸引人们的眼球。不足的是界面内容可以再丰富一点，文化挖掘再深入一些。

第八部　数字艺术篇

儿童植物科普绘本
《长叶子的烦恼》
《这是谁的花》
——谭星祺 指导老师：韩静华

题名：《长叶子的烦恼》《这是谁的花》

学校：北京林业大学

设计：谭星祺

指导老师：韩静华

评语：设计图纸内容丰富，颜色搭配合理，空间感强，构图适中，绘本设计上也进行了合理的设计，方案基本符合要求。不足之处在于绘画表达效果不够深入。

绘本作品《+/-12h》
作者 王扬，动画13。
指导老师秦龙 讲师。

一月你还没有出现，
二月你睡在隔壁，
三月下起了大雨，
四月里遍地蔷薇，
五月我们对面坐着，犹如梦中。
就这样六月到了。
六月里青草盛开，处处芬芳。
七月，悲喜交加。
麦浪翻滚连同草地，直到天涯。
八月就是八月，
八月我守口如瓶。

八月里我是瓶中的水，
你是青天的云。
九月和十月，
是两只眼睛，
装满了大海。
你在海上，
我在海下。
十一月尚未到来，
透过它的窗口，
我望见了十二月，
十二月大雪弥漫。

第八部 数字艺术篇

题名："+/-12h"

学校：北京林业大学

设计：王　扬

指导老师：秦　龙

评语：设计方案表达完整，版面颜色丰富和谐。版面布局合理、视觉冲击力较强，整体风格明显。

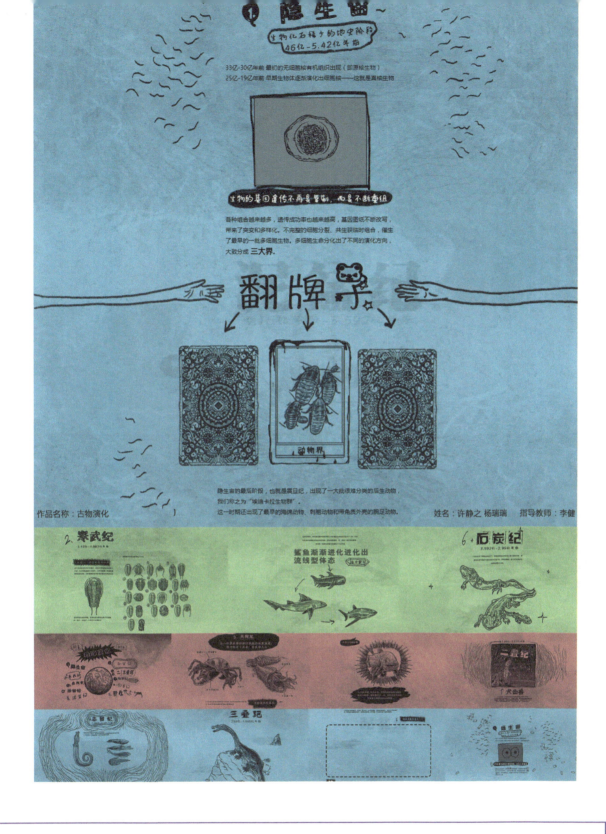

题名：古物演化

学校：北京林业大学

设计：许静之　杨瑞瑞

指导老师：李　健

评语：设计分析全面，思路清晰，版面的文字与颜色和谐统一。不足之处是视觉冲击力不够强，设计重点不突出，版面布局凌乱、逻辑性不强，版面视觉冲击力较弱。

《镜花缘绘本》

题名： 镜花缘绘本

学校： 北京林业大学

设计： 杨辰雪　徐家宝

指导老师： 兰　超

评语： 设计选题立意新颖，画面颜色搭配协调，人物设计富有创新，场景设计画面丰富。不足之处在于整个版面设计过于规整，可以适当对文字进行描述。

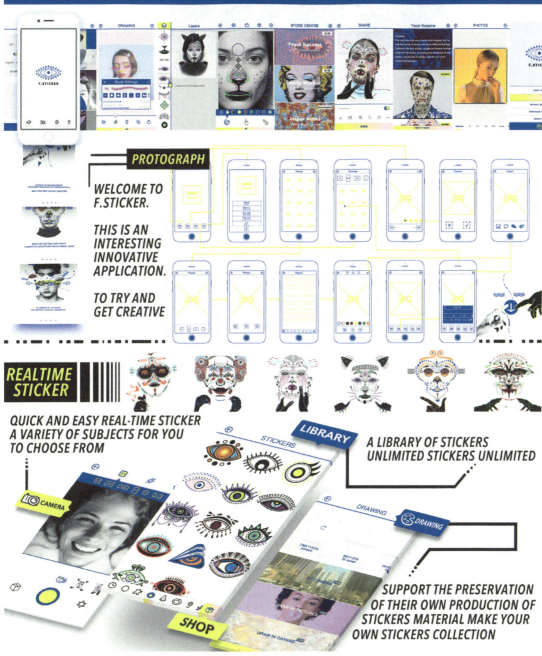

题名：F.STICKERS
学校：北京林业大学
设计：杨懿楠
指导老师：韩静华　董瑀强

评语：设计构思新颖，主题明确，作品图形形象完整且有较好的美感，有一定的应用价值。版面简洁明了，但整体风格不够突出。

第八部　数字艺术篇

装置简介

"冲击"是一个声音影像交互装置，人们可与之互动。装置影像根据人们的行为和周围环境声音变化作出反馈。本设计的目的是为了人们在互动体验的过程中，反思自己的行为对周围环境的影响，让人们意识到在一些公共的场所控制自己的行为，不要影响到其他人。

应用范围

"冲击"影像互动装置展示了人与环境的关系，可应用的领域也非常的广泛。包括医院、学校、图书馆、展览馆等公共场所。

医院　　学校　　图书馆　　博物馆

使用场景

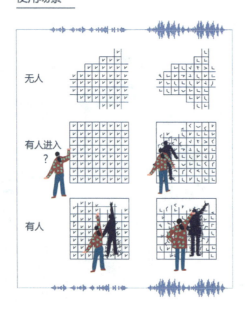

题名： 冲 击
学校： 北京林业大学
设计： 赵湘涵　孟 佳
指导老师： 李昌菊　李 健

评语： 设计方案很有新意，根据听觉的效果，进行人与人之间的互动。整个方案基本满足要求。不足之处在于设计上缺少必要的表达，设计分析逻辑不够，稍显单薄。

参考文献

吴赣英，2004.毕业论文选题思路及写作技巧要旨［J］.温州职业技术学院学报(01):76-79.

张爱军，2011.大学生毕业论文(设计)选题意义分析［J］.改革与开放(04):172.

李国华，2013.对本科毕业设计(论文)工作的再思考［J］.实验技术与管理,30(05):120-122.

王琦，2014.研究性教学视角下的大学生学科竞赛问题研究［D］.西安：西北大学.

陈亮，2007.高职纺织品设计专业毕业设计教学的实践与探索［J］.科技咨询导报(30):232-233.

刘露，朱建,2016.以竞赛为导向的民办高职艺术类专业毕业设计的教学实践与探索［J］.设计艺术研究，6(03):123-127.

林瑛，2013.从设计竞赛获奖作品看毕业设计景观类课题的选题与选址［J］.创意与设计(02):58-61.

陶联侦，安旭，2013.风景园林规划与设计从入门到高阶实训［M］.武汉：武汉大学出版社.

王萍，杨珺，2008.景观规划设计方法与程序［M］.北京：中国水利水电出版社.

高立燕，2014.谈艺术设计专业本科生毕业论文的选题策略［J］.美术教育研究(14):96.

张萌，2009.版式设计［M］.北京：化学工业出版社.

霍俊杰，2010.关于新时期"以人为本"艺术设计理念的拓展思考［J］.内蒙古民族大学学报,16(04):193-194.